生きづらいＨＳＰのための

自己肯定感を育てるレッスン

高木のぞみ

精神科医
高木英昌

1万年堂出版

はじめに

高木のぞみ

「みんなに耐えられることが、どうして自分は耐えられないんだろう」と悩んだことはありませんか。

また、実際に感じていることを、「考えすぎじゃない？」「気にしすぎだよ」と言われて落ち込んだことはないでしょうか。

これらは私が幼い頃から、ずっと思ってきたことです。

生きづらくてしかたがなかったけれど、「自分がおかしいんだ」「気にしすぎなんだ」と自分の感覚を否定し続けてきました。

そして、無理に無理を重ねた結果、うつ病を発症したのが今から10年ほど前のことです。

まるで、世の中のすべての色が消え、世界が音を立てて崩れていくような絶望感でした。

薬をのみながら、何とか日常生活に復帰したものの、数年後には再発……。

このままでは、よくなってもまた再発を繰り返すだけ。

どうしたらいいのかと悩む私に、当時通っていた心療内科の先生が、ＨＳＰ（Highly

Sensitive Person＝ひといちばい敏感な人）の概念や、自己肯定感の大切さを教えてくれました。そして、今度こそ根本的によくなりたいと始めたのが、**自分を知る作業**と、**自己肯定感を育てるレッスン**でした。

自分を知る作業によって、ＨＳＰである自分を理解し、受け入れることができました。敏感なのは、マイナスな面だけではなく、いい面もたくさんあるのだと、前向きに受け止めることができるようになったのです。

自己肯定感を育てるレッスンとは、簡単にいうと、ありのままの自分を認め、褒めていくことです。

続けるうちに、少しずつ自己肯定感が育っていき、「私、頑張ってるよね。よくここまで生きてきたね」と自分を肯定できるようになりました。

そして気がつくと、うつ病はよくなり、とても楽に生きられるようになっていたのです。だから、自分の特性を知り、自己肯定感を育てること。これが何よりも楽に生きられる近道だと思っています。

レッスンの内容や、自分が楽になるために試してみたことは、当初からブログに書き残してきました。そのうちに読者の方から共感の言葉や、ＨＳＰと自己肯定感について、もっと知りたい、というメッセージを頂くことが増えてきました。

２年前からは、出版社のメディアサイトで連載のお話を頂き、自身のツイッターでも発信していった結果、思っている以上に反響がありました。もっと多くの人に知ってほしいと続けてきて、気づくと書籍化の話が進んでいました。

うつ病で、今日を生きることが精いっぱいだった頃を思うと、今があることは奇跡です。支えてくださった方々に、恩返しの意味でも、今度は私が、自分の経験と実験を通して、ＨＳＰが楽に生きられるヒントをお伝えしたいと思います。

過去の私のように、今は自己肯定感がないに等しいくらい低い人でも、「私は私のままで生きていていいんだ」と思える日は、きっと来ます。

医学的、心理学的な内容に関しては、精神科医である夫の協力のもと、書いています。

この本が、生きづらさに悩む人の一助になれば幸いです。

目次

2章　やっと分かった生きづらさの正体

3章　ＨＳＰを理解するほど、心が軽くなる

6章 HSPにお勧めのヒーリング法

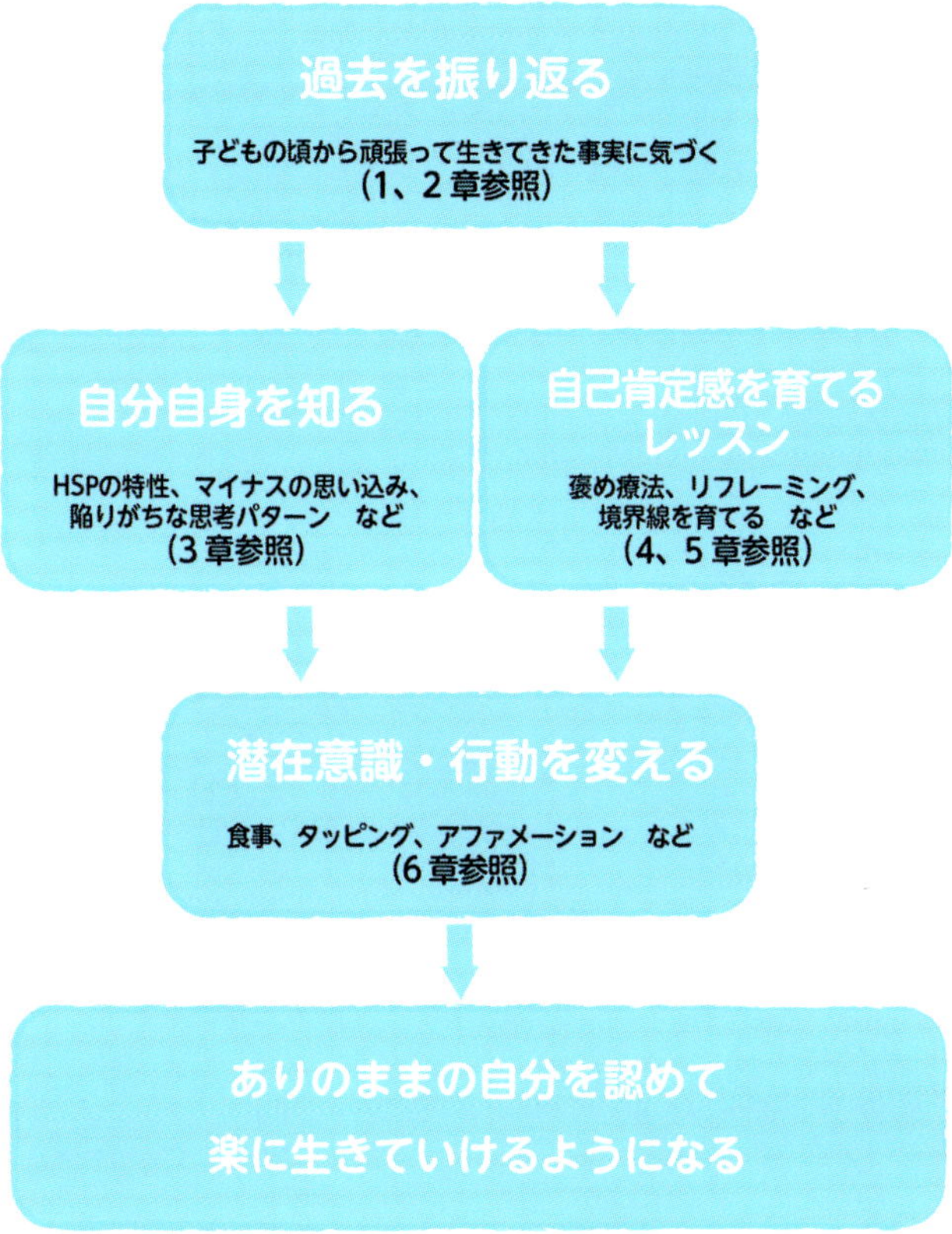
過去を振り返る
子どもの頃から頑張って生きてきた事実に気づく
（1、2章参照）
自分自身を知る
HSPの特性、マイナスの思い込み、
陥りがちな思考パターン　など
（3章参照）
自己肯定感を育てる
レッスン
褒め療法、リフレーミング、
境界線を育てる　など
（4、5章参照）
潜在意識・行動を変える
食事、タッピング、アファメーション　など
（6章参照）
ありのままの自分を認めて
楽に生きていけるようになる

この本では、生きづらさを抱えているHSPが、
最終的に、ありのままの自分を認めて、
楽に生きていけるようになることを目指しています。

プロローグ

物心がついた頃から、ずっと不安で、いつもおびえていました。

何が怖いのかすら分からず、そんな不安を抱えているなんて、弱い子だと思われるのではないかとまた不安で、大丈夫なふりをするようになりました。

でも、ずっと疑問に思っていたことがあります。

「直接自分が怒られたり、問題を起こしたりしたわけでもないのに、どうしてこんなに恐怖を感じるんだろう？」

「どうして私はいつも焦っているんだろう？」

「どうして、周りのみんなと同じようにできないんだろう？」

1人焦って空回りしているのが恥ずかしくて、萎縮して、何も言えなくなる状態に、劣等感を抱いていました。

成長するにつれて、その劣等感はどんどん強くなっていきます。

「こんなに怖い世界だけど、きっとみんなも同じように感じて、闘っているんだ」

「みんなも頑張っているんだから、私も頑張らなきゃ」

と言い聞かせていました。

そうは思っても、どうしようもない恐怖心から逃れるために、努力をするようになりました。

「みんなに耐えられることが耐えられないのは、自分の心が弱いからだ、努力が足りないからだ、もっと頑張らなきゃ自分に存在価値はないんだ」と思っていたからです。

◆◆◆

中学生になり、習い事や部活動、委員会に生徒会活動など、次から次へといろいろなことを頑張る私に、周りの人は、「そんなに頑張ってすごいね」と声をかけてくれます。

でも、頑張っていないと生きていていいと思えない、その恐怖心からやっているだけだったので、「すごいね」と言われるたびに複雑な気持ちでした。

忙しくなるにつれ、神経が高ぶって、夜眠れなくなる日が多くなります。寝つくのに時間がかかる、泣き疲れないと眠れない、寝ついても、反対車線から飛び出してきたトラックにひかれそうになる夢を見ることが続く……。そんな状態になっても、「もっと頑張らなきゃ」という思いは消えず、中学、高校、大学とそのまま走り続けたある日、心の異変に気づきました。

勉強に、興味も関心も持てない。

卒業論文のテーマも課題も、やることは山積みなのに、アイデアが全く浮かばない。

それまでの私は、やりたいことが1つに絞れないくらい、いろいろあったのに、です。

どうしたんだろう……と自分の変化を受け入れられませんでした。

「気のせい」「やる気がないだけ」「みんな頑張っている、私ももっと頑張らなきゃ」と自分に言い聞かせる毎日。

でもこれが、大きな間違いでした。

◆
◆
◆

自分の異変を見ないようにして頑張り続けた結果、本当に何もできなくなりました。

朝起きること。

食事を取ること。

学校に行くこと。

友達と話をすること。

それまで普通にやってきたことが、何もできなくなりました。支えになっていた趣味に対しても、心を癒やしてくれた空や星を見上げても、何の感情も持てない。そんな自分が恐ろしくなりました。

何かがおかしいと思って精神科を受診すると、うつ病の診断。

「周りからいつも笑顔で明るいね、と言われていた私がうつ病？　何かの間違いじゃないの？」と受け入れられませんでした。

でも、おかしくなっていたのも事実で、少しほっとしていた自分もいました。

もう何年も、頑張るしかないと無理をし、このスピードで生きていくのは、もう限界だと感じていたからです。


何も手につかなくなってしまい、大学を休学しました。

そして、「周りの友達はみんな普通に通っているのに、やっぱり自分は耐えられなかった」と、さらに劣等感の塊になっていきます。

◆◆◆

この頃は、1日を生き抜くこと、24時間存在することが、とても難しく感じました。

心が疲れ果ててしまうと、1秒1秒が鉛のように進まない、一呼吸がつらいのです。何の希望も持てない時間だけが過ぎていき、生きている価値が感じられない自分自身に、頭がおかしくなりそうでした。

「もっと頑張れたんじゃないか」

「うつ病なんて間違いで、甘えているだけなんじゃないか」

周りもそう思っていたと思いますが、誰よりも自分を責めていたのは私でした。

「半年休んだのだから、これ以上は迷惑をかけられない」と焦り、あまりよくなっていないにもかかわらず、大学に復帰し、就職もしました。


夢だった看護師。半ばあきらめていたのに、ここまで来られたことが、とてもうれしくて、仕事は楽しく充実した毎日でした。

しかし、そんな日は長く続きませんでした。

自覚的にはうつ病から快復していたとはいえ、再び思考停止や精神面の落ち込みが定期的にやってきて、なかなか安定はしません。そして無理を重ねた結果、うつ病が再発し、休職することになってしまいました。

◆
◆
◆

休職が決まった時、「私はもうこの世界で生きていくのに向いていない」「元気になれる日なんてもう来ない」「もうダメだ」と絶望しかありませんでした。

でも、この時、心療内科の先生に言われた言葉に、少し救われました。

「休職したからには、今度こそちゃんと休んで、治して、先のことは、よくなってから考えよう」

考えることさえも放棄させてくれたおかげで、少し冷静になることができました。

そして、「幼い頃のことを振り返るのは、いいことだと思うよ」とも言われ、1枚のチェックリストを渡されました。

それが、HSP（ひといちばい敏感な人）のチェックリストでした。

すると、9割以上に該当。

私の感じてきた違和感は、心が弱いのではなく、気のせいでもなく、HSPだったからかもしれないと、少しだけほっとしました。

しかし、「敏感なところはどんな人にもあるよね」「敏感だから、人と同じように頑張れなくてもしかたないなんて、甘えだよね」「みんな大変な思いをして、それでも頑張っているんだから、私も頑張らなきゃ」という思いは消えません。

この時は、「そういう考え方もある」というくらいで、まだ自分がＨＳＰだと受け入れることができなかったのです。

◆◆◆

休職してからしばらくは、とにかく何もできず、その日を生きることだけで精いっぱいでした。

ちょっと落ち着いてきた頃、先生の「幼い頃のことを振り返るのはいいことだと思うよ」という言葉を思い出し、自分の過去を、年表のような形で振り返ることにしました。

年齢、イベント、家族の状況、その時感じていたことなど、事実だけをノートに書き出してみました。

すると、あることに気づきました。

明るくて元気で、努力が好きだと思っていた自分が、実は、「心の中の不安を必死に隠そうと、明るくふるまってきただけだった」ということが。

そして突然、感情が爆発したように、次から次へと記憶がよみがえったのです。

今にも泣きだしそうな不安な表情の女の子が、せきを切ったように悲鳴を上げて泣いている。その声は、私の内側から噴き上がってくるような感じでした。それは、もう1人の自分に対して、「ずっと耐えてきたことに、やっと気づいてくれたんだね」という気持ちでした。

「虐待されて育ったわけでもない、いじめに遭ったわけでもない、愛されて育ったことも事実、それなのに、うつ病になるなんて、自分が弱いからだ」とずっとそう思っていました。でも、「こんなに耐えてきた子がいたんだ」と気づいた時、私が今、うつ病になったということは、何かあるのではないか、と自分の心に目が向いたのです。

そして、先生に渡されたＨＳＰのチェックリストの存在を思い出し、ＨＳＰに関連する

本やブログを読みあさるようになりました。

それが、エレイン・アーロン博士の『ささいなことにもすぐに「動揺」してしまうあなたへ。』という本との出会いでした。

◆◆◆

この本を読んだ時、「分かる……。まるで私の心を見透かしているみたいだ」と感じ、自分だけではなかったという安心感から、体の力が抜け、崩れ落ちそうになりました。

これまでは、自分がいろいろなことに耐えられなかったのは、HSP特有の敏感さによるものだとは受け入れられませんでした。HSPを受け入れることは、すべてをHSPのせいにしてしまう甘え、逃げなのではないか、と思っていたのです。そんな私にとって、この本は衝撃でした。


うつ病で休学したことも、休職になってしまったことも、「頑張りが足りなかったんじゃない、気持ちが弱すぎたのでもない、どうすることもできなかったんだね」と、自分を責めるのではなく、「認める」ことができました。

その時に、自分はＨＳＰだと受け入れることができたのです。

生まれて初めて、「自分の感覚を否定しなくていいんだ」「ＨＳＰである自分の感覚を信じて、この世界で生きていこう」と思えた瞬間でした。


ここから先に書くことは、ＨＳＰである私の世界観と、生きづらさを抱えやすいＨＳＰが楽に生きられる方法はないかと、自分が実験台となって模索してきたことです。

人によって合う、合わないがあると思いますが、どれか１つでも、楽になれる方法が見つかることを願っています。

今が生きづらいのは
あなたが弱いからじゃない
甘えているのでもない

生きづらい世界の中で

ひとりで耐えて　我慢して
頑張ってきたんだよね

あなたは悪くない

大丈夫
これからどんどん楽になれるよ

1章

子どもの頃から感じてきた違和感

みんなが自分と同じように感じているわけではない

ＨＳＰとはどんな人なのかを知りたくて、私が初めて読んだＨＳＰの本が、エレイン・アーロン博士の『ささいなことにもすぐに「動揺」してしまうあなたへ。』でした。この本に書かれているＨＳＰの特性は、「本当にそうだ」とうなずいてしまうものばかりでした。

その中でも、私がいちばん衝撃を受けた部分を紹介します。

たいていの人は、サイレンの音や、まばゆい照明、変な匂い、ごった返した人の波などを無視することができる。だが、ＨＳＰにはそれができないのだ。～中略～

たいていの人は、部屋に入ると、家具やそこにいる人に目がいく。せいぜいそれくらいしか気づかない。ところが、ＨＳＰは一瞬にして、自分がそこにいたいかどうか、その場の雰囲気は自分に友好的か敵対的か、空気は新鮮かよどんでいるか、花を活けた人はどんな人柄かなどということまでを察してしまう。

もしあなたがHSPで、自然にこういうことを察知していても、それが特別な能力だとは思っていないだろう。自分の中で起こっていることは他人と比較できないからだ。あなたが気づくのは、自分は他の人よりもいろんなことに耐えられない、ということだけ。あなたは実は、高い創造性、洞察力、情熱、思いやりなど、社会が高く評価しているものを持つグループに属しているのだが、そんなことは思いもよらない。

これはひとつのパッケージなのだ。私たちの特徴である敏感さは、用心深さ、内向性、ひとりでいる時間の必要性などと一緒にセットになっている。世の中の大多数を占める「敏感でない人々」は、私たちを臆病で、恥ずかしがり屋で、意気地がなくて、非社交的だと見なす。こういうレッテルを貼られたくないから、私たちは他の人と同じように振る舞おうとする。しかし、そうすることで神経が高ぶり、苦しくなってしまい、今度は、まわりから神経症的だとか気が違っているなどと思われるようになり、最後には自分でもそうだと思い込んでしまうのだ。

〔エイレン・N・アーロン（著）、冨田香里（訳）『ささいなことにもすぐに「動揺」してしまうあなたへ。』〕

幼い頃から感じてきた恐怖は、みんな同じように感じていると思っていました。みんな同じように感じているのに、耐えられない自分は弱いと自己否定を繰り返してきました。

しかし、**「HSPではない人は、同じように感じていないのだ」**と知った時は、本当に驚きました。

私が感じていたことは、個人差はあってもHSPに特有のもの。そもそも感じていた刺激量にかなりの差があったのだと、この時初めて気づきました。

自分が甘えていたのでも、感覚が特別おかしかったのでもなかったと分かり、ほっとしました。

そのうえで、自分の過去を書き出した年表を見てみると、すごく納得できました。

どうしてずっと恐怖心が拭えなかったのか、何が気掛かりだったのか、その時どんなことを考えていたのか……。いろいろなことがふに落ちたのです。

怖い、苦手、不安、ソワソワ……周りは気になることだらけ

子どもの頃から**「どうしてみんなは平気なんだろう」**と違和感を覚えていたことは、たくさんありました。あくまで私の場合ですが、挙げてみたいと思います。

●怒っている人が怖い

小学校に入ってから、学校の先生が怒っている時、異常に萎縮していました。怒られている相手が忘れ物をした友達だったり、乱暴をした男の子だったり、自分が怒られているわけではないのに、です。

どなり声を聞くと、頭のてっぺんからつま先まで、ビリッと電流が走る感じがあり、みぞおちの辺りがソワソワします。電流が走るような感覚は、車を運転中にヒヤッとした時の感覚に似ていると思います。また、みぞおちの辺りがソワソワする感覚は、遊園地の

ジェットコースターで落ちる時のような感じです。しかもそれらの感覚が、学校から帰って、夜寝るまで続くのです。

怒られていた本人があっけらかんとして、周りの友達も休み時間になると普通に遊んでいるのに、自分は怖くて怖くて固まっていることしかできなくて、どうしてこんなに弱いんだろう、みんなはなんて強いんだろうと落ち込んでいました。

遅れることに対する恐怖感が強い

小学生くらいから、学校や習い事の集合時間や、友人との約束に遅れそうになると、恐怖から、みぞおちの辺りがザワザワしてしかたありませんでした。

「遅刻したらどうしよう」「人に迷惑をかけてしまう」「みんな集まっている中に入っていくなんてできない」と思っていました。だから、いつも最悪を想定して行動していました。

車が渋滞にはまっても、バスが遅れても、電車に乗り遅れても間に合うように、少なくとも30分前には到着していないと安心できなかったのです。

周りの人には焦らせているようで申し訳なく思っていましたが、遅れそうになるとパニックになるので、どうすることもできませんでした。

場の空気で人間相関図が分かってしまう

学校や職場では、その空間に入った瞬間にいろいろな情報が入ってきます。特に、「あの人、何かあったんだな」とか、「あの2人は笑顔で接していても、いがみ合ってるんだな」と分かり、気づくと人間相関図ができ上がってしまうことがよくあります。

不穏な空気を察知すると、会話をそらしたり、間に入って仲介したりして、怒りだす人を回避しようと必死になって疲れてしまうということも、よくあります。

共感しすぎて引きずられてしまう

友達の悲しい出来事を聞いていると、まるで自分の身に起きたことのように感じて、友達と別れてからも落ち込んでしまうことがよくあります。知り合いだけではなく、映画や小説を読んでも同じことになりやすいです。

憂鬱な感覚がなくならなかったり、悪夢を見たり、頭痛・吐きけなどの身体症状が出たりして、生活に支障が生じるレベルになるので、人が亡くなったりするバッドエンドの作品は見ないようにしています。

屋台のおじいさんの生活を心配してしまう

小学生の頃、祭りの屋台で人が並んでいないお店を見ると、「生活、大丈夫かな」と、子どもが心配するようなことでないことを心配していました。

特に、売っている人がおじいさんだと、要らない物でも買ってしまうということが、よくあります。おじいさんに弱いのは、今でも変わりません。

生き物だけでなく、モノにも共感してしまう

残されて捨てられる食べ物や、ぬいぐるみのその後をリアルに考えて、かわいそうになってしまうことがよくありました。捨てられて、どんな思いでいるんだろうと想像して、落ち込んでしまうこともありました。

動物園も同様に苦手で、「こんな狭い所に閉じ込められてかわいそう、でも何もできないのにかわいそうと思っているなんて自分は偽善者だ」と自己嫌悪に陥っていました。

お笑い番組や相手を倒すゲームが苦手

お笑いの番組を見ていると、ハリセンでたたいたり、頭の上に物が落ちてきたりしますが、それで笑いが起こることが理解できませんでした。「なんでそんなひどいことをするの?」とまるでいじめのように感じていました。でも、そういうことを口にすると、「空気が読めない」「偽善者」と言われることがあり、言えなくなっていきました。だから、みんなが笑っている場所にいることが苦痛でした。

これは、相手を斬ったり倒したりするゲームも同じで、争っているのを見るとソワソワしてしまうので、スポーツ観戦もあまり好きではありません。

死んだらどうなるんだろうとよく考えていた

小さい頃から、死んだらどうなるんだろう、と寝る前によく考えていました。「目が見えなくなって、耳も聞こえなくなって、動けなくなるのかな?」「今の家族や友達とは会えなくなるんだろうか。それともまた同じ人間に生まれて同じ生活になるのかな?」「全く違う世界に生まれるんだろうか」「天国って世界があって、そこからみんなのことを見ているだけになるのかな？」と妄想は止まりません。

でも、そういうことを友達や大人に言うと、「難しいことを考えているんだね」と冷ややかな目で見られたため、こんなことを考えるのはおかしいのか、と思っていました。

●悪夢をよく見る

小学生の頃は、「友達に悪口を言われる」「迷子になる」「灰色がかった海岸線をひたすら歩く」というくらいの悪夢でした。しかし中学生になると人間関係もより複雑になったためか、「ナイフを持った人に追いかけられる」「底の知れない深さの谷を下りていく」「トラックにひかれる」など、激しくなっていきました。

●プールや温泉が怖い

幼稚園の頃から水泳を習っていましたが、プールが怖くてしかたありませんでした。なぜ怖かったのかというと、サメが追いかけてきたらどうしようとか、排水口に吸い込まれたらどうしようと不安だったからです。

同様に、温泉などで、色のついた湯に足を入れることも恐怖でした。特に茶色の薬草風呂は、「もし底がなかったらどうしよう」と怖くてしかたありませんでした。

気圧が下がるとだるくなる

子どもの頃は、晴れの日が大好きで、雨の日は憂鬱でした。雲の上にさえ行ければいつも晴れているのに、とよく妄想していました。

高校生くらいから、気圧の変化が体調不良を引き起こしているのではないか、と感じるようになりました。成長に伴ってホルモンバランスなどが変化してきたことも関係していたのかもしれません。数年間の体調の変化を記録してきた結果、気圧の下がる2日前くらいから体が重くなることが分かりました。ちょうど気圧が下がっている時は、だるくて起き上がれなかったり、浮遊感がしたり（床がマシュマロのように感じる）、めまいがしたりします。

つらい出来事がよみがえる

悲しいことやつらいことがあった時、その出来事をものすごい鮮明さで記憶してしまいます。これは記憶力がいいのではなく、それだけ刺激、ショックを受けたということだと思います。

投げかけられた言葉、その時の声色、その場所のにおい、空気感、景色の細かいところまで記憶に残っているので、似たような環境に行くと、全く関係のない過去の記憶が引っ張り出されてきて、なぜか落ち込んでいる、という状況になりやすいです。

例えば、今では好きになりましたが、ずっと、キンモクセイの香りが苦手でした。その季節になると、毎年憂鬱になっていました。その香りは、中学校の部活動を思い出させるからでした。練習場所の近くにキンモクセイの木があり、顧問の先生のどなり声が聞こえた気がしたり、当時の嫌な記憶が次々思い起こされたりしてしまうからです。

これは、ただ思い出すということではなく、まるで今、その時を生きているのではないかと錯覚するほど、リアルに感じてしまうのです。

チクチクする素材が苦手

感触が耐えられなくて着られない服があります。大人になった今では、自分で選ぶので大丈夫ですが、子どもの頃は大変でした。

幼稚園の発表会の時、母に、かわいい飾りのついたセーターを用意してもらいました。

しかし、私はセーターのようなチクチクする素材や、服のタグが肌に触れると気になってソワソワしてしまいます。でも、まだ幼かったこともあり、「チクチクするその肌触りが嫌なんだ」とうまく表現できずにいました。

「親がせっかく用意してくれた服を嫌がったら、親を悲しませるんじゃないか」と思って、不快感を我慢していました。

●生活音が騒音になる

冷蔵庫の機械音、換気扇の回る音、時計の針の音、皿やフォークが床に落ちる音、近所の車のアイドリングの音などが気になって集中できない、眠れないということがよくあります。

●においや味で体調が悪くなる

洗剤、農薬などの化学物質、香水などのにおいは、お店の売り場を通るだけで吐きけや頭痛がします。最近の柔軟剤は香りが強い物が多く、人混みで酔ってしまうこともよくあります。

また、子どもの頃から、食べられない物がよくありました。特に、ハンバーガーや外国製のお菓子、カラフルなゼリーなどは舌がピリピリして食べられませんでした。今でも添加物の多い物を食べると吐いてしまうなど、体に不調が出ます。

このように、違和感を抱えていたことを思い出してみると、**「ずっと不安だった」**ということがよく分かります。

幼いながらも周りの空気を読んで、日々感じていた恐怖を口に出すこともできず、神経質だと思われたくなくて、ビクビクしていることをひた隠しにしてきました。

そうやって二十数年も緊張し続けてきたら、**「心が持たなくて当然」「よくここまで生きてきたね」**と、今なら思えるのです。

ひといちばい敏感な人（HSP）は5人に1人

「HSP」とは、アメリカの心理学者であるエレイン・アーロン博士が提唱した概念です。「Highly Sensitive Person」の略で、心療内科医の明橋大二先生は、「ひといちばい敏感な人」と訳しています。

感覚や人の気持ちにとても敏感で、ちょっとしたことにも気づく、気遣いにたけていると同時に、強い刺激に圧倒されたり、多くの人の中にいると、すぐに疲れてしまったりする、という特徴もあります。

アーロン博士によれば、人口の2割くらいに見られるといいます。

自分はHSPかどうか知りたいという方は、アーロン博士の作られているチェックリストでテストしてみてください。

●HSPかどうかを知るためのチェックリスト

次の質問に、感じたままを答えてください。どちらかといえば当てはまるのなら「はい」、全く当てはまらないか、ほぼ当てはまらない場合は、「いいえ」と答えてください。

1 自分を取り巻く環境の微妙な変化によく気づくほうだ……はい　いいえ

2 他人の気分に左右される……はい　いいえ

3 痛みにとても敏感である……はい　いいえ

4 忙しい日が続くと、ベッドや暗い部屋などプライバシーが得られ、刺激から逃れられる場所に引きこもりたくなる……はい　いいえ

5 カフェインに敏感に反応する　はい　いいえ

6 明るい光や強いにおい、ザラザラした布地、サイレンの音などに圧倒されやすい　はい　いいえ

7 豊かな想像力を持ち、空想にふけりやすい　はい　いいえ

8 騒音に悩まされやすい　はい　いいえ

9 美術や音楽に深く心を動かされる　はい　いいえ

10 とても誠実である　はい　いいえ

11 すぐに驚いてしまう ……… はい いいえ

12 短時間にたくさんのことをしなければならない場合、混乱してしまう ……… はい いいえ

13 人が何か不快な思いをしている時、どうすれば快適になるかすぐに気づく
(例えば電灯の明るさを調節したり、席を替えたりするなど) ……… はい いいえ

14 一度にたくさんのことを頼まれるのが嫌だ ……… はい いいえ

15 ミスをしたり、忘れものをしたりしないよう、いつも気をつけている ……… はい いいえ

16 暴力的な映画や、テレビ番組は見ないようにしている ……… はい いいえ

17 あまりにもたくさんのことが自分の周りで起こっていると、不快になり神経が高ぶる……はい　いいえ

18 生活に変化があると混乱する……はい　いいえ

19 繊細な香りや味、音楽を好む……はい　いいえ

20 ふだんの生活で、動揺を避けることに重きを置いている……はい　いいえ

21 仕事をする時、競争させられたり、観察されたりしていると、緊張していつもどおりの実力を発揮できなくなる……はい　いいえ

22 子どもの頃、親や教師は自分のことを「敏感だ」とか「内気だ」と思っていた……はい　いいえ

得点評価

質問のうち12個以上に「はい」と答えたあなたは、おそらくＨＳＰでしょう。

しかし、どんな心理テストよりも、実際の生活の中で感じていることのほうが確かです。

たとえ「はい」が１つや２つしかなくても、その度合いが極端に強ければ、あなたはＨＳＰかもしれません。

HSPには必ずある4つの特性DOESとは

HSPのチェックテストをしてみて、「12個以上当てはまるけど、本当にそうなのかな？」「私はHSPといって、いいんだろうか？」と思われた方はないでしょうか。

反対に、「11個以下だけど、本当にHSPとは違うだろうか？」と思われた方もあるかもしれません。

HSPをより深く知っていただくために、HSPの「DOES（ダズ）」から探っていきたいと思います。

アーロン博士は、HSPの根底には4つの面「DOES」があり、4つのうち1つでも当てはまらないなら、おそらくHSPではないといわれています。

その4つの面とは、どんなことでしょうか。

① Depth of processing　深く処理する
② being easily Overstimulated　過剰に刺激を受けやすい
③ being both Emotionally reactive generally and having high Empathy in particular　全体的に感情の反応が強く、特に共感力が高い
④ being aware of Subtle Stimuli　ささいな刺激を察知する

これらの頭文字を取って、DOESです。

1つずつ詳しく見ていきます。ただ、これらの具体例はあくまで私の感覚であり、HSPの数だけ表現は変わると思います。

① D…深く処理する

これは「常に考えごとをしている」ともいえると思います。頭の中にある膨大な引き出しを探し回っている、ずっと辞書を引いている、というような感覚です。

具体的には、次のようなことです。

・妄想がひたすら広がる

・常に最悪を想定して行動する
・1を聞いて10、場合によっては100くらい考えてしまう
・何かを決める時に、他に選択肢はないのか、ひととおり考え尽くさないと決められない
・相手の反応を見て自分のせいだと思いがち

②O…過剰に刺激を受けやすい

深く考えるからこそ、刺激を受けやすいともいえる性質です。
・10のことを100と受け取る
・イベントが終わると寝込む
・キャパオーバーになりやすい
・感動しやすい、涙もろい
・カフェなどの騒音がひどくていられない、ソワソワする
・チクチクする素材などを着ると落ち着かない
・薬の副作用が出やすい

③ E：感情反応が強く、共感力が高い

人に起こっていることを、自分に起こっているかのような疑似体験をしやすい特性だと思います。

・人が怒られていることを自分のことのように感じる
・ピリピリした職場やイライラしている人がいると息が詰まる感じになるくらいつらい
・人を平気で傷つける人がいると怒りが治まらない
・痛みやつらさが分かりすぎて、よく人を助けようとしてしまう
・映画やニュースの映像やセリフを受け取りすぎて、生活に支障が出るくらい落ち込むことがある
・人混みに行くと、全く知らない人の個人情報をいつの間にか知っていることがよくある

④S…ささいな刺激を察知する

ささいな刺激は、本当にささいなものでも、気づくとけっこう気になってしまう。そんな特性だと思います。

- 天気、気圧の変化が体調に出る
- 人の髪形、体調、ストレスの変化に気づく
- 添加物の多い食品を食べると具合が悪くなる
- ささいなにおいに酔ってしまう
- 四季の移り変わりなどの自然の変化にすぐ気づく

これら4つの特性すべてが存在していたら、おそらくＨＳＰで間違いないと思います。

ＤＯＳはあるけど、Ｅの共感はそこまでじゃないとか、ＤＯＥはあるけど、Ｓはそんなに敏感には察知しないという場合は、ＨＳＰではないかもしれない、ということです。

2章

やっと分かった生きづらさの正体

敏感さとどう向き合うか。まず始めたのは安心できる環境作り

ＨＳＰを受け入れてからの課題は、「敏感さとどう向き合うか」でした。

自分はひといちばい刺激を受けやすく、敏感なのだと理解するだけでは、そう感じる現実は、何も変わらないからです。今までどおりの生活をしていたら、またうつ病を再発してしまうことは確実だろう、そうならないために何ができるかと、しばらくはそればかり考えていました。

まずは安心できる環境を作ろうと思い立ち、最初に試してみたことは、物理的な刺激を減らすことでした。

感じるレベルを下げることができないなら、入ってくる刺激を減らしてみようと思ったからです。これはかなり効果的でした。

●目から入る刺激を減らす

テレビのニュースは、見ているだけで苦しくなるような事件や事故の話題が飛び交っています。つけているだけで、いきなり視覚に飛び込んでくるので、自分とは関係のない他人のことだと分かっていても、自分の身に起きたかのように共感して、疲れてしまいます。

そのため、ニュースの時間はテレビはつけず、どうしても知りたい時は、インターネットで文章を読むようにしていました。

そうすることで、恐ろしい悪夢を見ることが減りました。

夜は19時頃から、間接照明か、ろうそくの明かりに切り替えました。特にちらちら揺れるろうそくの炎は、見ているだけで癒やされるのでお勧めです。

寝る前の1時間は、テレビやパソコン、スマホなどの画面を見ないようにしました。どうしても眠れなくてスマホを使う時は、真っ暗な中では使わず、明かりをつけて使っていました。暗い中で使うのは刺激が強すぎるようです（朝

日を浴びたのと同じくらいの刺激になり、覚醒してしまいます）。

耳からの刺激を減らす

冷蔵庫の機械音、換気扇の音、近所の車のアイドリングの音など、多くの人は気にならないようなささいな生活音は、自分では何ともできないものもあります。そういう時は、イヤホンやヘッドホンで好きな曲を聴くことにしました。

においの刺激を避ける

ドラッグストアやスーパーの洗剤コーナーは、柔軟剤のにおいに酔ってしまうので、行かないようにしました。バスのにおいや、農薬などの化学物質のにおいでも気分が悪くなることがあります。

においが残って取れない時は、リセットするためにコーヒー豆のにおいをかぐのが効果的でした。また、好きな香りのアロマオイルを持ち歩いて、気分が悪くなった時にかぐと落ち着きます。

部屋や服についたタバコのにおいが気になる時は、ぬれタオルを振り回したり、マッチを擦った燃えカスでにおいを消すという方法もあります。

●食べ物からの刺激を減らす

香辛料などの刺激の強い食べ物は、できるだけ口にしないようにしました。特にカフェインは、覚醒作用から眠れなくなったり、利尿作用が強く出て血圧が急に下がったりするので、15時以降は口にしない、2杯以上は飲まないことにしました。

ただ、コーヒーは好きなので、カフェインレスの物は15時以降もいいことにしています。好きな物を我慢することがストレスになることもありますし、無理はしないのが大事だと思います。

刺激を減らしたのに、心が楽にならないのはなぜ？

しかし、大変だったのはここからでした。物理的な刺激を避けて、感覚的には落ち着いてきたとはいっても、心の葛藤は治まらなかったからです。「生きている価値のない私」が休んでいるということが、どうしても受け入れられませんでした。

無理して家から出なくていいと決めたことで、外に出て誰かと会って、何気ない一言に勝手に傷ついたり落ち込んだりすることは減りました。しかし、仕事をして頑張っている周りの人たちのことを考えるたびに、「自分は家にいていいんだろうか」「私は何をやっているんだろう」「休職しないでもっと頑張れたんじゃないか」という思考から抜け出せなくなりました。

うつ病だったこともあったと思いますが、どうしても周りの人たちと比べてしまって、罪悪感と劣等感の塊になってしまいます。

「何とかしなくては……」と焦り、心が落ち着かなくなってきたある時、書店で「自己肯定感」について書かれている本を手に取りました。

その本を読む中で、私には**「自己肯定感」**がほぼなかったことが分かりました。

そして、私が生きづらいのは、ＨＳＰの敏感さだけが原因ではなく、もっと根本的な問題だったのだ、と気づいたのです。

自己肯定感がないと、生きているだけで苦しくなる

自己肯定感とは、自分は生きている価値がある、大切な存在だ、と思えることです。

「自分のいいところも、ダメダメなところも引っくるめて私は私でいいね！　と思える」

「私は幸せになっていい存在だと思える」

そんな気持ちをいいます。

自己肯定感は、「低いから悪い」と評価されるものではありませんが、ないと生きているだけで苦しいものだと思います。

こんな能力があるから、これだけ頑張っているから、人の役に立てているから、だから私は生きていてもいいよね、というように、生きていることに条件が必要になる時は、自己肯定感が下がっている合図だと思います。

以前の私は、「生きるのに向いていてない」「私なんて生きていていいのかな」といつも不安でした。不安だったから、努力をすることで、「これだけ頑張っていれば生きていてもいいよね」と思おうと必死でした。

当時を振り返ると、まるで平均台の上を歩いているような危うさを感じます。

そんな私が、少しずつ、少しずつ、自己肯定感を育て直していくことで、「こんな私でも、生きていてもいいいんだね」と思えるようになっていきました。

自己肯定感があれば、「これだけ……」という条件は要らないのです。

生きづらさを抱えているHSPと、そうでないHSPの違い

HSPは、生きづらい気質であることは間違いありません。しかし、すべてのHSPがみんな生きづらさを抱えているかというと、そうでもありません。

それは、なぜでしょうか。HSPの気質を知って分かったことを挙げてみます。

まず、HSPは自己肯定感を育みにくい、といわれます。私の場合は、次の2つが大きな要因だったのではないかと思います。

注意の言葉を強く受け止めてしまう

幼い頃から、親や先生の言葉を強く受け取ってしまうことがありました。大人は10くらいのつもりで言っているのに、50、100と受け止めているような感じです。

例えば、「廊下は走ってはいけません」。これは誰でも聞いたことがあると思います。

こう言われても、走りたくなるのが子どもですし、何度も繰り返し言って教えていくものだと思います。

しかし、私が小学生の頃、このような先生の言葉は、守らないと何か恐ろしいことが起きる「絶対命令」のように感じていました。1つ1つの言葉を重く受け止めるのがHSPの気質なので、自然と決まり事が多くなります。

ちょっとした注意も、目の前でどなり散らされたかのようなショックを受けるので、大人が想像する以上に、「こんなことを言われる自分はダメ人間なんだ」と深く傷つくことがよくありました。

そしてショックを受けたということは、記憶に強く残るので、「寝たら忘れる」ということはもうありません。次の日も、その次の日も引きずってしまうのです。

●集団生活が苦手

学校のような集団生活では、みんなと同じことができる子、その中でより優れている子がいい子と見られます。

対してHSC（Highly Sensitive Child ＝ひといちばい敏感な子）は、集団生活がまず苦手なので、それだけで自分の力を発揮するどころか、萎縮してしまいます。そして、「引っ込み思案」だとか、「神経質な子」というレッテルを貼られてしまうことが多くなり、そんなレッテルを貼られるのは、「自分が悪いからだ」と思ってしまい、「私は周りの人と同じようにできる能力がない」などと、自信をなくしてしまうのです。

1つ1つはささいなことでも、こういうことが積み重なっていくと、「自分は生きている価値がある」と思える自己肯定感は、育めなくて当然だったと思います。

逆に、10のことを100と受け取っていることに気づいてフォローしてもらえたり、同じように感じている友達が周りにいて、自分の感覚を否定しなくて済む環境にあれば、自己肯定感を育てることができます。

ですから、同じHSPでも、生きづらさを抱えていない人は、「自己肯定感の育まれた人」ということです。

生きづらさの違いを決めるものは、自己肯定感だと実感しています。

自己肯定感を育て直して変われたこと

私が自己肯定感を育て直して、自分で「変わった」と実感できたことは、たくさんあります。いくつか挙げてみたいと思います。

●人に頼れるようになった

それまで、私がいちばん苦手としていたことは、「『できない』と言うこと」でした。

体調が悪くても、気が進まないことでも、「できません」「行けません」と断れない、人にお願いできないなど、人に頼ることが、どうしてもできませんでした。

この背景には、私は生きている価値なんてないんだから、人から頼まれたことを断るなんてあってはいけない、人に頼って迷惑をかけてはいけない、という思い込みがありました。

しかし、自己肯定感を育んできたことで、「困った時は人に頼ってもいいんだ」と素直に思えるようになりました。

「人に頼ること」と、「人に迷惑をかけること」は違うと気づいたのです。

もし人に頼れないまま子育てをすることになっていたら、どうなっていただろう……と不安に思うことがよくあります。かつての私だったら、1人で無理を重ねてうつ病を再発するか、感情を押し殺して笑えなくなっていたかもしれません。

●休むことは甘えではないと肯定できるようになった

それまでは、周りの人と同じように働けないことを申し訳なく感じて、自己否定を繰り返してきました。自分だけ怠けているようで、落ち着かなかったのです。そのため、焦って、心が休まらず、快復できずにまた焦る。そんな悪循環を繰り返していました。

しかし、HSPである私にとって、1人になって、いろいろな感情を処理する時間が必要不可欠だと分かってからは、「休むことは甘えではなく、次の1歩につながるんだ」と前向きに捉えられるようになりました。そして、休んでいる自分を、「ゆっくり休めてよかったね」と認められるようになったのです。

●境界線を引けるようになった

周りの人に何かあった時に、共感しすぎて、疑似体験のような感覚で落ち込むことがよくありました。自分の人生だけでも十分生きづらくて疲れてしまうのに、他人のことまで共感しすぎていたら、さらに疲れてしまいます。

こういう時に有効だったのが、「境界線を引く」ことでした。簡単にいうと、自分と相手の問題を分けて考えられるようにするということです。

この境界線の育て方については、5章で詳しく書きたいと思います。

「できないこともあっていい。それでもそのままで私は生きていてもいいんだ」と思えるのが自己肯定感です。

生きていくうえで、何よりも大切な土台なのです。

「自分はつらかったんだ」と知るための作業

自己肯定感を育て直す前に、ぜひやってみてほしいことがあります。

それは、「今までつらい中、頑張ってきたんだ」と知る作業です。


「人の顔色をうかがって、本当はこれがしたかったけど、言わずに我慢してきた」

「機嫌の悪い人がいると心が落ち着かないから、自分はどんな気分の時でも、頑張って笑顔で過ごしてきた」

「不安を感じていたけど、親に心配をかけちゃいけないと思って、言えなかった」

このように、幼い頃から「何となく生きづらい」と感じてきたのは、自分の気持ちを押し殺して、我慢して、頑張って生きてきたからだったと気づいたことが、自己肯定感を育て直そうと素直に思える原点でした。

年表の例

年齢	イベント	家族の状況	その時の気持ち
3歳	幼稚園入園	妹が生まれる	不安
6歳	小学校入学	妹が幼稚園入園	先生の声が怖い
10歳	転校をはじめる	兄が中学校入学	新しい人間関係についていけない
12歳	中学校入学		不安

そして、自分の気持ちを心の奥に押し込み続けてきたなら、今がつらいのは当然だと思えるようになりました。

その事実に気づくために、私がやってきたことを紹介したいと思います。

（ただこれは、人によっては思い出したくない過去を思い出すことになるかもしれません。その時の状況や、向き不向きもあると思いますので、つらすぎて無理だと思われる方は、この作業を飛ばして次に進んでください）

年表、自分史を作る

紙やノートに年齢、イベント、家族の状況、その時の気持ちを、思い出せる範囲で書き出します。

●思い込み、マイナスの教訓を書き出す

次に、幼い頃から周りの大人や友達などから言われてきたことで、今の自分を縛っている思い込みや教訓を書き出してみてください。

《例》

・人に迷惑をかけてはいけない
・人に頼るのは弱いから
・一度始めたことは最後までやり抜かなければならない
・弱音を吐いたり、人前で泣くのは弱いから
・親の言うことを聞けるのがいい子
・人から注意されたことは、すぐに変えなければならない
・学校を休むのは甘え

これらの作業をしてみて、その時の自分の状態に、ものすごく納得が行きました。
吐きけ、めまい、刺すような胸の痛み、関節痛などは、心と体のＳＯＳだったにもかか

わらず、すべて「気持ちが弱いから耐えられないんだ」と思い込んでいました。人に助けを求めることも、自分で手当てをすることもなく、スルーしていました。

言葉を換えれば、**私は私自身をネグレクトしていた**のです。

ダメ人間だとレッテルを貼っていたのは、私自身だったと、生まれて初めて、自分に対して「申し訳ない」と涙が止まりませんでした。

そう気づいてから、どうしたら過去の私を癒やせるだろうか、私自身を大切にするにはどうしたらいいだろうと、自分に目を向けられるようになったのです。

つらい　苦しい　悲しい
そこから抜け出せないこともあるよね

「そんな日もある」
「そんな日もあっていい」

今はそんなふうに思うんだねと
ただ自分の心に寄り添ってほしいな

自己肯定感についてのよくある誤解

高木 英昌

本書のキーワードの1つでもある「自己肯定感」は、最近よく聞かれるようになりましたが、誤解されやすいものでもあるため、ここで簡単に解説したいと思います。

自己肯定感とは、自分で自分を肯定できること、「自分は自分でいい」と自分を受け入れられることです。「自信」「自己評価」ともいわれます。「自己肯定感」という言葉のポイントは、**「自分のいいところもダメなところも肯定できる」**ことです。これが生きていくうえでの「心の土台」となり、「心の安定の根っこ」になります。「基本的な安心感」ともいえます。裏を返せば、どこか生きづらさを感じている、いつも漠然とした不安を抱えている人は、自己肯定感が低いのかもしれません。

自己肯定感とは、「自分への優しさ」と表現されることもあります。いわゆる「優しい人」とはどういう人でしょうか。

・いいところは「いいね」と褒めてくれる
・落ち込んだ時は、「つらかったね」と気持ちを酌んでくれる
・常識や正論で追い詰めない
・それでいて、正すべきところがあれば、きちんと正してくれる

そんな人ではないでしょうか。

少なくとも、「苦しくても弱音を吐かずに頑張れ、甘ったれるな」とむちうつ人ではありません。頑張っているのに過小評価して認めてくれずに、できていないところばかりを針小棒大にダメ出しする人でもないですよね。


自己肯定感についてのよくある誤解の1つに、「自己肯定感が高すぎるのも問題」という意見があります。

プライドが高すぎると、高慢になったり調子に乗ったりして、他人の意見を聞かずに、自分の言うことは正しいとうぬぼれてしまうから、自己肯定感は程々がいいのでは、という声を時々聞きます。

結論からいうと、自己肯定感が高すぎて困ることはありません。

他人の意見を受け入れられず、自分が正しいと主張する人は、自己肯定感が高いのではなく、低い場合が多いです。

自己肯定感が高ければ、自分の過ちも素直に認められるはずです。失敗を認めても、それが自分の価値を下げることにはならないと分かっているからです。

反対に自己肯定感が低いと、ミスをした自分を認めてしまうと、さらに自分の価値が下がると思い、自分を守ろうとします。それが強がりになってしまい、周囲には頑固や強情、うぬぼれと見えてしまいます。

自己肯定感とは、いいところばかりを強調することではありません。むしろ、自分の欠点や弱点、できないことを受け入れられる心の余裕として表れるものです。そしてまた、自分の至らなさや不得手なことと向き合い、それも含めて自分なんだ、と受け入れていくことで自己肯定感が育っていきます。自己肯定感は、高すぎて困ることはないのです。

自己肯定感は1本の木に例えられます。高く成長していくためには、下に深く、広く根を張らねばなりません。しっかりと根を広げられないまま高くなると、どこかでポキッと折れたり、根元から倒れてしまいます。

同じように、自己肯定感を育てるということは、周囲からいい評価をもらったり、褒められたりすればいいのではありません。

むしろ、あまり人には知られたくないような、ダメだと思っていること、苦手なこと、つらいことを、必要以上に否定したり、恥に思ったりせず、「そういうところも含めて自分なんだ」「大変なこともあったけれど、そんな中をよく頑張ってきたよね」と認めることが大切ではないでしょうか。

また、地中には微生物やモグラや虫、アリなどさまざまな生き物もいます。多様な価値観と出会い、助け、助けられることで、太くしっかりとした根幹ができていきます。

ＨＳＰの感じ方も、非ＨＳＰの感じ方も、どちらがいいとか悪いとかではありません。同じＨＳＰでも感じ方は全く同じということはないでしょう。「自分は自分でいいんだ」と思えるようになると、「相手も相手でいいんだ」と思えるようになってきます。

自己肯定感は、他者肯定感にもつながります。相手のいいところを見つけることは、自分のいいところを見つけることでもあります。自分の弱さを認めることは、相手の弱さに優しくなれることでもあります。

本書を通じて、ぜひ自己肯定感について学びを深め、大切にしてもらいたいと思います。

3章

HSPを理解するほど、心が軽くなる

自分のつらさから、あえて目をそらして生きてきたことに気づいてからは、「どうしたら楽に生きられるようになるのだろうか」とずっと考えていました。

そのために、もっと自分を知ろうと思いました。ＨＳＰとはどんな特性なのか、自分はどんな特性が特に当てはまるのか、学ぶことにしました。

この章では、私の経験をもとに、ＨＳＰ特有の悩みについて、私なりの考察を紹介したいと思います。

休みの日はぐったり。HSPは自分で思っている以上に無理をしている

「細かい作業を1時間でどれだけできるか」という調査をするとします。静かな環境で行う人と、工事現場のような騒音の中で行う人と、作業結果は同じになるでしょうか。やってみるまでもなく、静かな環境のほうが、作業効率はよくなるはずですよね。

HSPの敏感さの対象は、音やにおい、味覚、または他人の感情であったりと、多岐にわたります。

例えば音に敏感な人の場合、それが換気扇の音や、食器の重なる音などの生活騒音のレベルでも、常に工事現場の騒音の中にいるような感覚だと思います。このような環境の中で結果を出そうとすると、すごく集中力を使わなければなりません。

HSPは、意識するしないにかかわらず、日常からひといちばい無理をして生きている

場合が多いようです。

だから、休みの日はぐったりしてしまうことが多いのではないでしょうか。HSPでない人と同じように、休日に活動的に過ごすことは難しい、と感じる人が多くて当然だと思います。

このように、自分で思っている以上に無理をしていることを、まず理解することが大事だと思うのです。そのうえで、人と比べないことが大切です。

前の例えのように、集中力が必要な作業を工事現場で行った人がいたとします。その結果を、静かな環境で行った人と比べて、「作業ができなかった、自分はなんてダメなんだろう」と落ち込んでいたら、何と声をかけますか？

「そんな環境だったのに、最後まで作業して頑張ったね」と言いたくなりませんか？

私の周りにいるＨＳＰの人に聞いても、学校や職場で「周りの人と比べて自分は劣っている、と落ち込みやすい」と言います。でも、本当に劣っているのでしょうか。

ＨＳＰとはどんな人なのかが分かってくると、劣っているとはとても思えなくなります。大変な環境で、みんな頑張っているのだな、と思わずにいられません。

だからこそ、ＨＳＰとはどんな気質なのかよく知ることが、楽に生きられるようになる近道だと思います。

HSPといっても、何に敏感かは人それぞれ

HSPを知ったばかりの頃は、本やブログで、「私はそんなことなかったな」というエピソードを見るたび、「あれ、もしかして私はHSPじゃないのかな？」と混乱していました。

HSPと一口にいっても、本当に人それぞれです。さまざまなことに**「敏感に反応する」**ということだけが共通するのです。

「HSPはどんな人？」と聞くと、いろいろな意見があると思います。

優しい、配慮ができる、細身、落ち着いた色の服を好む、静かな場所が好き、涙もろい、人づきあいが苦手。

こんなイメージはないでしょうか？

「敏感」という言葉からは、こういうイメージがあると思いますし、確かに割合は多いの

かもしれません。しかし、そうとは限りません。

HSPはその人の気質の一部であって、すべてではないからです。

生まれ持った性格や、育った環境、周りに同じような気質の人がいたかどうか、人それぞれですよね。

ＨＳＰの多くは、人混みが苦手だといわれます。しかし、大家族でいつもにぎやかな中で育った人は、人混みが、そんなに苦手ではないかもしれません。また、成長する中で、習い事や学校で人前に立つ機会が多いと、必要に迫られて、一見敏感に見えないようにふるまえるようになった人もいると思います。

ちなみに私は、ＨＳＰの診断テストでは９割以上該当しますが、人見知りはしないし、人と話すのはどちらかというと得意です。

また、育った環境の影響なのか、体調や精神的につらい時でも、元気そうにふるまうことは、それほど難しいことではないので、「本当にＨＳＰですか？」と聞かれることがよくあります。見た目では判断できないのです。

疲れると分かっているのに刺激を好むHSPもいる――HSSとは

ここで、刺激追求型のHSSについても少し触れておきたいと思います。

HSSとは、心理学者のマービン・ズッカーマン氏が提唱した概念です。「High Sensation Seeking」の略で、「刺激を求めること」という意味です。

いろいろな刺激を好むと聞くと、HSPと対極ではないかと思いますが、同時に存在することもある気質で、どちらも生まれつきの気質です。

大まかに分けると、

HSP／非HSS

HSP／HSS

非HSP／HSS

非HSP／非HSS

の4通りの人がいるということです。

それぞれが別の気質なので、どちらかが強い、どちらも強い、どちらも弱いということがありえます。

ちなみに私自身は、HSPは強め、HSSは弱めのタイプだと自覚しています。

あくまで私の場合ですが、HSS型のHSPとはどんな人なのか、いくつか挙げてみます。

頭の中に2人のタイプがいて、片方は「やりたい！」と思うことが次々浮かんで突っ走ろうとし、もう片方は「大丈夫？　飛ばしすぎじゃない？」と心配している。いつも頭の中でその2人がディベートをしている、というのがいちばん適当な言い方かもしれません。

それでも「やる」「行く」と決めると、これでもかと入念に計画を立て準備をします。

そして、イベントが終わると、家に帰った途端にスイッチが切れて、何も手につかない、ということもよくあります。

「そんなに疲れるなら行かなきゃいいじゃない」と思うこともありますが、退屈な状態に耐えられず、刺激が欲しくなってまたやりたくなる、という感じです。

もちろん、HSP／非HSSの人も、家にこもっていると退屈してくると思いますが、より極端な行動になりやすく、最適な度合いのレベルが狭いのも、ＨＳＰ／ＨＳＳあるあるだと考えています。

子どもの頃はこういう複雑な気質ということも分からなかったので、心身ともにアップダウンが激しく、「私、どこかおかしいんじゃないか」と思っていました。

また、学校などではＨＳＳを表に出して行動していたため、周りからは「ひといちばい敏感」だとは気づかれなかったとも思います。

この気質と理解してからは、やる時はやり、休む時は休む、と切り替えることで、かなりコントロールが利くようになってきました。

このように、ＨＳＰといっても、いろいろな人がいます。同じＨＳＰ／非ＨＳＳだとしても、ＨＳＰの敏感さが強い人と、それほどでもない人では、感じている感覚は違ってきます。またかりに、ＨＳＰの敏感さのレベルが同じくらいの人だとしても、ＨＳＳと非ＨＳＳでは全くタイプが異なります。

また、ＨＳＰ、ＨＳＳのどちらのチェックリストも主観によるものなので、当てはまる数が多いからＨＳＰ度が高い、あまり当てはまらないからＨＳＰ度が低い、と一概に言い切れるものでもないと考えています。

加えて、ＨＳＰでない人が鈍感かというと、そういうわけでもありません。ＨＳＰほどいろいろなことから影響を受けないにしても、限りなくＨＳＰ寄りのグレーゾーンの人も多く存在すると感じています。

ここで大事なことは、**ＨＳＰといっても人それぞれで、周りの人と比べる必要はない**ということです。

「人よりＨＳＰが強めだから生きづらいんだ」と落ち込む必要もないし、「ＨＳＰが弱めだから、生きづらいなんて言ってちゃいけない」ということはありません。

あなたのつらさは、あなたにしか分かりません。

あなたがどんなに頑張って生きてきたのかも、あなたにしか分からないのです。

どちらがより敏感さが強いか、誰がＨＳＰで誰がＨＳＳなのかと知るよりも、自分自身がどんな特性を持っているのかを知ることが大事ですよね。

頑張って生きてきた自分を、どうか認めてあげてください。

そして、「いろいろな人がいていい」と思うと、「私もこんな私のままでいいよね」と思えてほっとします。
多様性を認め合えることは、すごく素敵なことだと思います。

あなたって
ほんとうにステキ！
あなたも
きれいよ♡

ささいな変化に気づくことはHSPの強みでもある

HSPは、情報があふれている現代社会においては、生きづらい特性かもしれません。「知らなきゃよかった」と思うことまで気づいてしまうことが、少なくないからです。人混みでたくさんの情報を拾ってしまって疲れやすかったり、多くの人の気持ちに共感して困ったりすることが、よくあります。

その反面、相手の髪形や服装の違い、気分や体調の変化に気づくことができます。そのため、仲良くなった人とは深いつきあいができる、そんな強みにもなることも、知ってほしいと思います。

感情の幅や度合いもより大きいので、ニュースや映画の刺激に圧倒されることもある一方で、お気に入りのセリフや場面をひたすら頭の中で反芻して、何度でも感動できます。

自然や、きれいな物に触れた時には、感情が大きく動き、青空や夕焼け、星空などは、吸い込まれそうな感覚になり、それだけで癒やされたりもします。

また、お店の店員さんの笑顔やちょっとした優しさに触れると、それだけで「今日はいい日だったなぁ」と喜べることがよくあります（私が単純なだけかもしれませんが……）。

だから、ＨＳＰの敏感さは、そんな、**日常のささいなことにも喜びを感じられる特性**ともいえると思います。

環境に影響されやすいからこそ知っておきたいこと

このように、いい面も悪い面もあるＨＳＰは、「自分の力を発揮できる環境」と「力を発揮するどころか萎縮しすぎて何もできない環境」の差が激しいのではないかと思います。育った環境や学校の友達、職場などからの影響も、ひといちばい受けやすいといわれます。

みんながみんなを認め合えるような、ほっとできる環境であれば、そのいい面をひといちばい受け取ることができます。

しかし、敏感さを「考えすぎじゃない？」「気にしすぎだよ」と言われ続けて、自分の感覚を否定される環境にいると、「自分がおかしいんじゃないか」と思い込んでしまう人も少なくないと思います。私のように、大人になってからうつ病になったり、心の病気になってしまったりすることもあるかもしれません。

例えば、冷たい物を触って「冷たい」と言っているのに、周りの人が口をそろえて、「違うよ、それはあったかいんだよ。冷たいって感じるあなたがおかしいんだよ」と言われ続けたら、どうでしょうか。

現に冷たく感じているのに、周りが否定してくるとなれば、最初は「この人たち何言ってるの?」と反発する気持ちがあったとしても、次第に「やっぱりおかしいのは私?」と自分の感覚が信じられなくなってきます。「こんなに否定されるのは、自分がおかしいからだ」と思うようになって当然かもしれません。

反対に、「これは確かに冷たいよね。分かるよ」と共感してくれる人や、「あなたはこれが冷たく感じるんだね。そう感じるあなたがおかしいんじゃないよ」と感覚を否定しないで認めてくれる人が、身近にいる環境であれば、「周りとは違う感じ方だけど、私の感覚も本当だよね」と安心できるのではないでしょうか。

このように、どんな環境に身を置くのかがHSPにとっては特に大事だと思います。

つらい、苦しい。マイナス感情もそのまま受け止めよう

ＨＳＰの敏感さで悩む人に、声を大にして言いたいことは、周りの人が何と言ったって、**「あなたが感じていることは事実」**だということです。

つらい、苦しい、悲しいという感覚に対して、周りの人は「何でそのくらいで」と言うかもしれません。

「あなたが考えすぎなんだ」「悪く捉えすぎなんだ」と言ってくる人もあると思います。ですが、ＨＳＰの感じ方は、悪いほうに悪いほうに考えようとして、そう感じるのではありません。瞬時にそう感じてしまうんですよね。

だからもし、「自分はつらい、悲しいと感じるけど、分かってくれる人がいないから、そうと感じる自分がおかしいんだ、弱いのだ」と責めていたとしたら、もうやめましょう。

マイナスな気持ちも、**「今はつらいんだよね」「今はそう感じているんだね」**と、そのまま受け止めていけばいいと思います。

周りの人が何と言っても、最後に味方になれるのは、あなた自身です。そう感じる自分を認めて、分かってあげてほしいと思います。

HSPが人混みで疲れやすいのには理由がある

HSPは、多くの人の中にいると、すぐに疲れてしまう、という特徴もあります。

HSPが人混みで疲れやすいのは、一言でいうと、人混みに行くと「情報過多」になるからだと考えています。

人がたくさんいる場所は、さまざまな刺激であふれています。HSPは、これらの快適な幅（耐えられる度合い）が狭いことが多いです。

例えば、私は、満員のレストランなどでは、周りの話し声や食器の重なる音、水の落ちる音、エアコンや換気扇の音が、けっこうな騒音と感じます。

また、不機嫌な人や表情が暗い人がいると、全くの他人でその人と話したわけでもないのに、その人の感情をもらってしまうことがよくあります。

これらの刺激のほとんどが、「情報」として頭に入ってくるので、情報過多になってしまうのだと思います。

私の中でのＨＳＰのイメージは、神経系が余計に枝分かれしていて、ささいなことも情報として拾う。例えるならば、とても細かいチリも拾ってしまうホウキです。

ホウキにもいろいろありますが、熊手や竹ぼうきではなく、細かい目のホウキです。でも、これは、熊手や竹ぼうきが劣っていて、細かいチリを取れるホウキが優れている、ということではありません。ですからＨＳＰの能力が高いということではないのです。

拾う情報を処理するスピードは同じでも、情報量が多いと、脳が疲れやすい、というイメージです。


これも例えるなら、砂時計の大きさは一緒だけど、砂の量が多いと、砂が落ちるまでの時間が長いですよね。その情報を処理するのに、脳を使う時間がそれだけ長くなってしまうので疲れやすい、ということだと理解しています。

そして、自分に必要のない情報まで、とりあえず入ってきてしまうために、必要なものを取捨選択するのにも時間がかかります。

要するに、**ひといちばい処理する量が多いから、ひといちばい疲れやすい**ということです。

ですから、人混みで疲れやすいのは、あなたが弱いのではなく、それだけ頑張ってるから疲れやすいともいえます。

自己肯定感の低いHSPが陥りやすい思考パターン

過去を振り返ると、生きづらさに直結してしまう思考がたくさん見えてきました。自分なりの解決法と合わせて列記したいと思います。

●完璧主義

注意されただけでどなりつけられたような恐怖を感じるので、もう注意されないように、いつも最悪を想定して行動していました。この傾向は今でも強く、体調不良などで、最悪を想定して動けない時は、ものすごく不安感が強くなります。

完璧にやろうとして、最初の1歩が出せなかったり、疲れていたりすることに気づいたら、**「まぁいっか、こんな日もあるよね」**とあえて口にすることにしています。たったそれだけですが、「完璧主義の考え」にとらわれていたと気づくことができます。

●白か黒か思考（0か100か思考）

ちょっとした注意でもかなりのショックを受けるので、何か言われると「自分のすべてが悪いんだ」と思いがちでした。心療内科の先生によく言われたのも、このことでした。「世の中のことはほとんどがグレーなんだから」と。この傾向は今でも強いです。

例えば、何の不調もないのに、やる気が起きてこない時、自分を責めてしまうことがあります。「もう、うつ病は快復しているんだから、弱音なんて吐いてたらだめでしょ」と思っていることに気づかされます。そういう時は、あえて自分にツッコミを入れています。「いやいや、元気か病気かの二択しかないわけじゃないから！」「うつ病の頃とは確かに違う、そこまで病的じゃない、でもそんなふうに落ち込むこともあるよ」と。

それだけでかなり楽になれます。

●過度の一般化

2、3人に非難されると、まるで世界中の人が自分を非難しているように感じることがよくあります。事実は、数人にしか言われていないのですが、「他の人も思っているんじゃないか」と疑心暗鬼になりがちです。しかも周りの空気を察知しやすいので、全然関係ないことでイライラしている人のイライラも、「自分のことを嫌っているんじゃないか」と負のループに入りやすい思考パターンでもあります。

不安な時は、まずどうしてそう感じるのか、紙に書き出してみます。誰に言われて、誰には言われていないのか、などの事実を書き出してみると、この思考パターンに陥っていることに気づくことができます。

must思考（〜べき、〜しなければならない思考）

決まりごとが多くなりがちなことと、深く関係してくる思考パターンだと思います。例えば、「人に迷惑をかけてはいけないから、体調が悪くても仕事にいかなければならない」「困っている人がいたら、助けなければならない」などです。

この思考パターンにはかなり苦しみましたが、今ではほとんどありません。それは、私の中でルールを決めているからです。（このルールについては5章に、境界線を強くする方法として詳しく書きます）

簡単にいうと、頭の中で「〜するべき、〜しなければならない」という言葉が浮かんだ時点で、しない、ということです。もちろん、無理してでもしなければならない時はあるので、例外はありますが、まずはこのmust思考になっていることに気づくことが大切だと思います。

こんなふうに、自分がどんな思考パターンを持っていて、今の落ち込みはそこにハマっているからだと気づくと、「はいはい、またハマってますよー」と自分で自分を引っ張れますので、けっこう早く抜け出すことができます。

・HSPといっても何に敏感なのか
・どの程度の敏感さなのか
・HSS気質はあるのか
・いちばん困っていることは何か
・陥りがちな思考パターンは何か
・過去の思い込みに縛られていないか

まずは、これらのことをチェックして、自分を知ることが何よりも大切だと思います。

ＨＳＰにとって休養は大事なテーマ

ＨＳＰの中でも自己肯定感の低い人は、「休むことが苦手」という人が少なくありません。

私もそうでした。「どういう状況になったら休んでいいのか」「どこまでは頑張るべきなのか」「そもそも休むって何？」と分からなかったのです。

「何もしないでボーッとしていればいいの？」「寝ていればいいの？」「それとも何かしたほうがいいの？」「でも、何かって何？」

これを、ずーっと堂々巡りしていました。

頭の中が情報でいっぱいになりやすいＨＳＰにとって、休むことは大事なテーマだと考えています。

いろいろな意見があると思いますが、私が思う「休むこと」は、「何もしないこと」ではありません。

体調が悪くて休む時は、栄養のある物を食べてとにかく寝る。また、何も考えられない、何も手につかないレベルの時は、薬の力を借りてでも、寝てしまう。これが「休むこと」だと思います。

でも、特に心が疲れている時は、つらくなることから離れて、ほっとできることをするのがいいと思っています。

少し快復してきて、何か考えると嫌なことばかり浮かんでつらい時、それこそドラマ、映画、音楽、塗り絵、アロマ、ヨガ、散歩、ゲームなどなど、本当に人それぞれですし、何でもいいのですが、少し現実逃避して入り込めるものに、取り組んだほうがいいと考えています。

自分にとっての「ほっとできること」「集中できること」は何だろうと、考えてみるのがまず大事だと思います。

また、私の休む目安は「頑張らなければ」と奮い立たせなければ行動に移せない時です。早い段階で休めば快復も早いし、快復してくれれば、力を絞り出すことなく、頑張りたくなってきます。

もちろん、そうはいっても、やらなければならない時が大半ですよね。ただ、「無理がかかっているな」と気づければ、少しでも早めに休むことができます。いつも頑張っている自分の心の声を、ぜひ聞いてほしいと思います。

HSPを知ることで
「1人になって感情を処理する時間」が
必要な自分を

弱いとか怠けてると責めるのではなく

その時間があるから
次の1歩を踏み出せるんだよねと

休むことを肯定できるようになった

HSPに限らず
自分の特性を理解することが
楽に生きられるようになる近道

ＨＳＰと非ＨＳＰのペアがつきあっていくためのポイント

高木　英昌

ＨＳＰではない私からみると、妻の敏感さは正直、理解できないことも少なくありません。

特に、ＨＳＰについて知る前は、「何でそこまで気にするの？」「そんなに深く考えなくてもいいんじゃない？」とよく思っていました。反対に彼女からは、「え？　気にならないの？」と驚かれたり、「ちょっと考えれば分かるでしょ？」とツッコまれることもよくありました（今もあります〈笑〉）。

ＨＳＰという概念を知らなくても、それなりに相手のことは分かると思います。しかし、ＨＳＰという特性があると知ることで、理解できたこともたくさんあります。

そこで、ＨＳＰと非ＨＳＰがつきあっていくうえで、大切だと思うポイントをご紹介します。

(1) 違いを認める

HSPの感じ方は、HSPでない人には分かりにくいことが、確かにあると思います。感じ方は人それぞれで、他人がどう感じているのか確かめることも、比べることもできません。

そのため、知らず知らず私たちは、自分の感じ方を「普通」だと思い込んでいます。「みんな」も自分と同じように感じているだろうと疑いもしません。

そんな、「当たり前だと思っていたことが、実は当たり前ではないかもしれない」と気づくことが、「HSPを知る」ことの意義ではないかと思います。

HSPは非HSPと比べて「みんなも同じように感じているのに、なんで耐えられるんだろう。自分はなんて弱いんだろう」と強すぎる刺激に圧倒されて、自分を責めてしまいがちです（プロローグ参照）。

非HSPとしては、HSPがこのような悩みを抱えている（かもしれない）ことを知っているかどうかで、接するうえでの気持ちが少し変わるのではないでしょうか。

違いを認めることは、相手を尊重することです。違いがあるのに無理やり同じにしようとすると、どうしても無理が生じます。それを決めつけ、押しつけてしまうと、知らぬ間に相手を傷つけてしまうこともあります。

HSPに限らず、マイノリティ（少数派）の人は、「違いを正しく認めてもらえない」ことによる偏見に苦しんでいる場合が少なくありません。

「自分とは感じ方が違うらしい」と知り、「そんなふうに感じていたら、そりゃあ疲れるよね」と相手をそのまま肯定することが大切だと思っています。感じ方が違い、同じ経験をしていなくても、共感はできます。

「みんな違って、みんないい」のです。

(2) 思っていることは言葉にして伝える

HSPは繊細な人、敏感な人だと聞くと、優しい人ほど「下手なこと言って傷つけたらどうしよう」と不安になるかもしれません。確かにキズつきやすい面もあるとは思いますが、それを気にしすぎてしまうと、何も言えなくなってしまいます。

そんな時は、分からないことは分からないと、率直に相手に聞いてみるのがいちばんです。

「どんな言葉を言ってほしくなくて、どういう言葉がいいかな」

「下手なこと言って傷つけたくないから、そういうことがあったら教えて」

何か言いたいけど、どう言えばいいのか分からなくて、黙ってしまうと、その空気を察しやすいＨＳＰは、非ＨＳＰが思う以上に気にしてしまうと思います。しかめ面して黙っている人がいたら、何か気になりますよね。

状況にもよりますが、対ＨＳＰでは「沈黙は金」ではなく「沈黙は禁」だと心得ましょう。

お分かりのように、これらは人間関係・コミュニケーションの基本であり、ＨＳＰと非ＨＳＰ特有の接し方なんてものはありません。価値観が違う人と、どう接すればいいかちょっと戸惑う時なども同じです。

困った時は、「基本に立ち返る」ということですね。

4章

自分を大切にする
セルフケアレッスン

自己肯定感は、今この瞬間から育て直すことができます。ただ、何か魔法の言葉があって、それを唱えるとすぐに楽になれるわけではありません。でも、時間はかかっても、必ず楽になれる日は来ます。

自己肯定感を育てるレッスンとは、言い換えると「自分を大切にするレッスン」でもあります。今が生きづらいということは、自分のつらさに気づかず無理をしていたり、気づいていても状況によってケアにまで手が回らなかったりしたからですよね。

この章では、自己肯定感を育てるために今日からできることを、私の経験を通して紹介します。

人にしてあげたいことを、自分にもしていく

自己肯定感が低いと、自分は大切な存在だと思えませんので、自分の扱いも適当になりがちです。

想像してみてください。目の前に、「どうせ自分なんて何をしてもダメだ」と落ち込んでいる人がいたら、何と声をかけますか？　何をしてあげたいと思いますか？

・「どうしたの？」と話を聞く
・「あなたは私にとって大切な存在だよ」と声をかける
・温かいお茶を入れてあげる
・好きな物を食べて、気分転換してもらう

浮かぶ内容は人それぞれですが、「そんなこと考えているからダメなんだ」「気持ちがたるんでるからだ」「なんて弱い

んだ」なんて、責める言葉は出てこないですよね。

ではここで質問です。今浮かんだことを、自分自身にやってきたでしょうか。

自己肯定感の低い人は、人のことはすぐに気づけるのに、自分のつらさにはなかなか気づかず、自己否定に走りがちです。ですから、今その人に、やってあげたいと浮かんだことを、自分にしていくことが、自分を大切にするレッスンなのです。

最初は、違和感があります。そんなことをする価値は自分にはない、と責める気持ちも出てくると思います。でも少しずつ慣れてきて、心がほっとできる時間が増えてくると、こんな自分でも生きていていいんだと思えてきます。

ぜひそこから始めてみてほしいと思います。


私のしてきた自己肯定感を育てるレッスンは、いろいろありますが、中でも、これは必ずやってほしいと思うものは、
①褒めてくれる人を見つけて、褒め言葉をたくさんかけてもらう
②自分で自分を褒める
の２つです。

あなたを褒めてくれる人は必ずいる。そんな人を見つけてほしい

まず1つめの「褒めてくれる人を見つけて、褒め言葉をたくさんかけてもらう」について紹介します。

褒めてくれる人は、夫婦であったり、親であったりすれば理想的です。しかし、そういう身近な人に限って否定するようなことしか言わない、ということがありますよね。だから、友達でも、職場の人でも、ママ友でもいいです。

また、周囲にそういう人がいなければ、子どもの保育園の園長先生や、子育て支援センターの相談員、リアルが難しければSNSつながりの人もありです。

とにかく誰でもいいので、そういう人を1人は見つけておいて、たくさん褒めてもらうことが、まず1つめです。

そして、少しハードルは上がりますが、言える関係性の相手ならば、「私が落ち込んで

連絡した時は、こんなふうな言葉をかけてほしい」とあえてお願いしておくのもお勧めです。

「そんな人はいない」「だけどつらくてしかたない」と思う人は、病院に行くという方法もあります。

精神科や心療内科を受診すれば､話を聞いて肯定的に関わってくれる人はいるはずです。ただ、そういう人とも相性があるので、しばらく通ってみて、「この人と会うとつらくなる」と感じる時は、病院を変えてみるのも手です。私も3カ所回りましたが、医師や心理士によっても本当に違うので、相性はとても大事だと感じています。

自分で自分を褒めることも大切

2つめは、「自分で自分を褒める」です。

「人に褒めてもらうのはちょっと難しい」「そんな人、1人もいない」「今から探すのはつらい」という人もあると思います。そんな時は、自分で自分を褒める練習をしていきましょう。

「自分なんて、褒めるところなんてない」と思うかもしれません。ですがこれは練習なので、少しずつでも上手になっていきます。

たとえ今、褒めてくれる人が十分いるという人でも、その人たちに頼れなくなった時には、また自己否定に戻ってしまいます。褒めてくれる人といつもいつも一緒にいられるわけでもありませんよね。だから常に一緒にいる自分が自分を褒める練習をしておくことは、何よりも大切です。

ここで、「自分を褒めることが大切」と聞くと、次のような疑問を持たれるかもしれません。

「今がすでにダメダメなのに、褒めるなんてありえない」「怠け者になってしまうのでは?」「厳しくしないといけないでしょ?」

これは、自己肯定感についてのよくある誤解だと思います。

私も、褒めるところなんてない、ダメなところしかないのに、それを認めたら、もっと堕落するのではないかと思っていました。でも本当は全くの逆で、自己肯定感が育つということは、「自分は生きていていいんだ」と心の土台がしっかりするということです。

心の土台が落ち着くと、安心感が持てます。そうすると、いろいろなことに対して「もっと向上したい! 頑張ろう!」と自然とモチベーションが持てるようになります。

自分を大切にできるようになると、人のことも、もっと大切にしようと思います。

「いつも頑張ってるね」と認められたら、もっと頑張ろうと思いますよね。

「十分頑張ってるよ」とありのままの自分を認めてもらって、「よし、もっと怠けてやろう」と思うでしょうか。

今が最悪な時だとしても、自分を罵倒するのではなく、**できているところに注目して認めて褒めていくところからしか、始まらない**のです。

自分を認め、褒めていくというのは、前に進むための必要不可欠なステップです。

ここからは、自分を褒めるための具体的な方法です。

ダメなところばかりに目が向いてつらい時は

「自分を褒めよう！」と思っても、なかなかうまくいかないことが多いかもしれません。

私も始めたばかりの頃、いいところを探そうとするたびに、ダメなところばかりが目についていて、もっとつらくなるということがよくありました。

そんな時に気をつけたいポイントが３つあります。

①人と比べない

人と比べてしまうと、上には上がいるので、自分はなんてダメなんだろうと落ち込みやすいです。

「周りの人は……」「同年代の人は……」と比べてしまうのはよくあることです。

比べていることに気づいたら、人と比べるのではなく、１カ月前、１年前の「自分」と比べて、自分が成長したと思えることに目を向けましょう。

②できているところだけに注目する

できていないところは、探さなくても簡単に見つかります。そうすると、「あれもこれもできていない、なんて自分は怠け者なんだ」とやはり自己否定につながります。

そうではなくて、できているところだけに注目しましょう。

私がうつ病だった頃、一日中ベッドの中ということがよくあり、それこそできていることなんて、ありませんでした。ですが、考えてみると、一日中寝込むほどつらいのに、24時間生きていられたのです。これは間違いなく、できたことなのですよね。

だから、私の最初の自分にかけた褒め言葉は、「今日も頑張って生きられたね」でした。

そこからでも始められるのです。

③できて当たり前のレベルを下げる

自己肯定感が低い人の特徴として、完璧を求めようとすることがあります。

例えば、テストで100点を取って当然だと思っていたら、90点でも喜べないですよね。だけど、「60点取れればOK」と思っていれば、「90点なんて私すごい！」と思いませんか？

こんなふうに、できて当たり前と思う内容を、100点から60点くらいに変えると、自分のいいところがたくさん見えてきます。

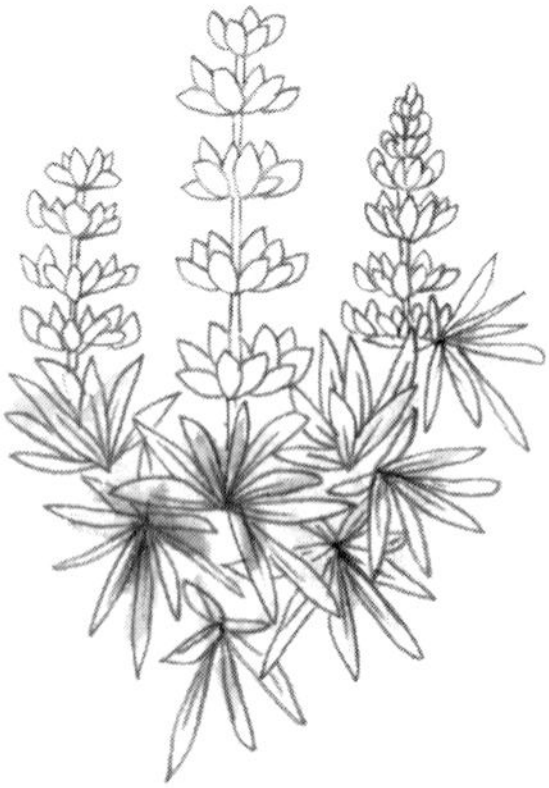

前向きな言葉をつづる「褒め療法」の勧め

この3つのポイントをもとに、ブログやノートに褒め言葉を書くことで、自分自身に肯定的な関わりができるようになりました。

うつ病まっただ中で、とにかくマイナスな言葉しか浮かびませんでしたが、最後は、前向きな言葉でまとめるように心がけていました。

ノートに書くのもありですが、私の場合はブログという形がよかったのだと感じています。

ノートだと、自分しか見ないので、感情のままに書いて、後で自分の言葉につられて傷つくということがありえます。ブログでは、匿名で書いているとはいえ、誰かが見るかもしれないと思うと、言葉を最低限選んで書きますので、後で見ても、引っ張られて落ち込むことは、ほとんどありませんでした。

また、後から読むと、自分の成長が分かり、「こんなところからよく頑張ってきたね」と自分に声をかけられるようになったのも、大きな変化でした。

ツイッターでは「#褒め療法」とつけて、その日できたことを箇条書きにしてツイートしている人がたくさんいます。

「洗濯ができた」「夜ご飯を作れた」「子どもの話を聞けた」「朝起きて仕事に行けた」「休む時間を取れた」など、日常の中のささいなことでも、「今日も1日頑張ったね」と自分に声をかけるのです。とってもいいなと感じます。

SNSでなくても、自分のノートにでもできることなので、ぜひお勧めします。

また、浮かばないという人は、他の人の褒め言葉を眺めてみる、というだけでも有効です。

ダメな自分も受け入れると楽になる

自己肯定感を育て直すには、自分のいいところに目を向けることは、何よりも大切です。ただ、自己肯定感とは、いいところだけ褒められて育つものではありません。もう1つ大切なことがあります。

それが、**「ダメダメなところも受け入れる」**ということです。

自己肯定感が低い人は、失敗を恐れるあまり、完璧主義であったり、注意されること自体に恐怖を感じる人が多くあります。そのため、「ダメ！」と言われないように気を張って生きているし、自分の短所や苦手なこと、いわゆるダメなところをひた隠しにしていますよね。

そうすると、そういう自分のダメダメなところを受け入れられた経験が、あまりない人が多いのではないでしょうか。

この、ダメダメな自分を隠さなくてはいけないのは、かなりつらいです。ここを解消するために、私がお勧めしたいのが、「あえて隠さず言ってみる」ことです。

例えば、友達と会って話をしている時に、相手の表情が曇ったシーンがあって、家に帰ってから、「私の言葉がきつかったのではないか」「もしかしたら傷つけたのでは」と悩むこと、HSPには珍しくないですよね。

「よくない対応をしてしまった」と落ち込んでいても、「そんなことをしてしまったと人に知られたら、どう思われるだろうか」とまた不安で言えない。

でも、「実はこういうことがあって今不安だ」と口に出して、「そんなこともあるよ」と言ってもらえたら、ものすごく楽になりませんか？

かりに相手を傷つけてしまったとしても、**「完璧な人間なんていない」「失敗することだってあるよ」**とダメダメだと感じているところを誰かに受け入れてもらえると、本当にほっとします。

人に話をすることは、勇気の要ることかもしれません。「ありのままの自分なんて出せない」と思うかもしれませんが、実際に、何でも受け止めてくれる友達やパートナーに出会ったことで、出せるようになる場合もあります。

相手ももしかすると、あなたがそのように自分の本音をぶつけてくることを、待っているかもしれませんよね。

ただ、何度言ってみても、「気のせい」「考えすぎ」などと拒否されるようなら、それはあなたのせいではなく、相手にあなたを受け入れる心の余裕がない、ということかもしれません。そういう場合は、それ以上求めても傷つくだけですので、他の人に頼ってみるのがいいと思います。

視点を変えるリフレーミングの方法

褒め療法は、自己肯定感を育てるうえでは、何よりも大切です。

しかし、いつも褒めてくれる人がいれば、続けることはそれほど難しくありませんが、自分1人で続けていくことは、やはり大変なことです。

褒めようとしても何も浮かばず、「何をやっているんだ」と落ち込むことがありました。

そこで、自分で自分を褒めるレッスンを続けていくために、行き詰まった時に、心が楽になれる方法を紹介します。

1つは、**「感謝できることだけ考える」**ということです。

支えてくれる人の存在、動き続けてくれている心臓、住む家があること、食物を作ってくれる人たち、空気、水、太陽……。身近なものから考えて、できるだけ大きなものまで視野を広げていくと、「ダメダメな私なんて」と思っていた気持ちが薄れ、ほっとする感覚になります。

何も浮かばないという時は、ただ「ありがとう」という言葉を口に出すだけでも効果があります。何がありがたいのか分からないけれども(笑)、そんな気になるという感じです。

もう1つは、**「リフレーミング」**という方法です。

リフレーミングとは、「視点を変える」「物事の枠組み（フレーム＝frame）を変えて、別の枠組みで見直す（re-frame）」ということです。絵を飾る額（フレーム）を替えると、絵の印象が全然違って見えますよね。

リフレーミングで有名なのが、半分くらいまで水の入ったコップを、「もう半分しかない」と見るのか、「まだ半分もある」と見るのか、という例えです。

見方を変えると、本当に心が変わるのです。

例①　具合が悪くて寝込んでしまった時

「何もできなかった」とできていないところを見て落ち込む

↓
「ゆっくり休めてよかったね」とできたことに目を向ける

例②
テストで60点を取った時
40点もミスしてしまったとへこむ
↓
60点は正解できたと捉える

例③
子育て中、部屋も片付かず家事も進まない時
家事も満足にできないなんて、と自分を責める
↓
「その分、子どもとの時間を大切にできた」と頑張りを認める

例④
助けてもらったり、手伝ってもらった時
「迷惑かけてごめんね」と下を向いてしまう
↓
「助けてくれてありがとう」と笑顔で返す

こんなふうに、違う捉え方をすることで、実は全く悩まなくていいことを悩んでいるのかもしれない、と気づくこともできます。そして「私もなかなか頑張ってる」と自分を認めることが簡単になってきます。そうすると、心が楽になるので、それからの行動も違ってきます。

また、視点を変えるとは、例えば、客観的に見ることです。

言いたいことがあるけど、「これを言ったら嫌われるのではないか」とちゅうちょしている時、自分の隣の人が、私に対してその言葉を言ってきたら、私はどう思うのか考えてみることです。

ほとんどのことは、私はそれで相手を嫌わないし、そんなに気にしないということに気づきます。よくも悪くも、人は私のことを見ていないし、関心もない、という事実に気づくと、それだけで楽に生きられるようになります。

他にも、イメージ法の1つですが、「上空から今の状況を見てみる」という方法もあります。飛行機の窓から地上を見る感じです。私が学生時代、人間関係で悩んだ時に威力があったのがこの方法でした。

悩んでいる人間関係の範囲の狭さに気づき、「この狭い世界でダメだからって気にしなくていい、世界はこんなに広いんだから味方は絶対に現れる」と思えました。

「飛行機ほど離れなくても、イメージの中で相手と距離をとって考えてみたり、後ろから見たり、横から見たりと視点を変える方法もあります。

環境が合わない時は、逃げることも視野に入れて

平成28年に大ヒットしたドラマ『逃げ恥』（略称）で有名になった**「逃げるは恥だが役に立つ」**というハンガリーのことわざがあります。

「自分の戦う場所を選べ」という意味で、逃げることも視野に入れて、自分の得意なことが発揮できる場所に行こうと教えてくれています。

ＨＳＰは環境の変化があまり得意ではなく、我慢も無理もしがちです。だから、選択肢に「逃げること」があったほうがいいと思います。無理な環境で頑張りすぎて壊れてしまうくらいなら、逃げることは本当に役に立つと、身をもって感じています。

また、小説『西の魔女が死んだ』（梨木香歩　著）で、不登校になった孫娘が、いじめられていたことをおばあちゃんに打ち明ける場面。孫娘を励ますおばあちゃんのセリフに、

とても勇気をもらえます。

自分が楽に生きられる場所を求めたからといって、後ろめたく思う必要はありませんよ。サボテンは水の中に生える必要はないし、蓮の花は空中では咲かない。シロクマがハワイより北極で生きるほうを選んだからといって、だれがシロクマを責めますか。

自分が楽に生きられる場所を求めることは、悪いことではありません。むしろ特性を生かして自分らしく生きていくために大切なことです。

また、「逃げる」とは言い換えると、「周りの人との縁を選ぶ」ことです。

縁と一口に言ってもいろいろあります。親をはじめとして、生まれ持って選べない縁もあれば、選べる縁もたくさんあります。

誰とつきあうか、誰と連絡を取るか、どこで働くのか。

可能な限りではありましたが、一緒にいて安心する人との縁を大事にしていきました。そうしていくと、気づくと私の周りには、私のことを褒めてくれて、必要としてくれて、きついことを言ってくる人から守ってくれる人ばかりになりました。むしろ傷つくことを言ってくる人は、近寄ってすらこなくなったのです。

だから、声を大にして言いたい。

一緒にいると苦しくなる人、嫌だなと感じる人、つらい環境からは、全力で逃げてほしいと。

他の場所に行けば、生きていけます。

特にＨＳＰは、環境の影響を受けやすく、場所によってはフルに力を発揮できるけれども、別の場所では萎縮と緊張で何もできない、それほどの差が出てしまうこともあります。

そういうことは、誰でもあると思いますが、ＨＳＰはより極端だと思います。

環境や縁は選んでいいものだし、選ばなければいけないものだと知るだけで、楽になれます。

自己肯定感が低くて生きづらい時や、心が疲れている時は、つらくなるものから離れて、徹底的に自分を大事にしてほしいと思います。

うまくいかなくて
焦って自分を責めてしまう時

「人と比べなくていいんだよ」
この言葉に救われた

もう頑張れない　私にはできない
でもどうしたらいいのか分からない

そんな恐怖とどれだけ戦ってきたんだろう

よくここまで生きてきたね

HSPとトラウマについて

高木 英昌

トラウマとは、心的外傷（心に受けたキズ）のことをいいます。衝撃的な事件や事故・災害など一度の大きな出来事によるキズもあれば、虐待やいじめ、家庭内暴力（DV）など、慢性的に繰り返されることによるキズもあります。

これらのトラウマは、心や体の症状となって表れ、人間関係にも影響を与え、生きづらさを抱えることになってしまいます。

トラウマ記憶は、いわゆる「つらい思い出」とは違います。強烈すぎる経験であったため、十分に消化できず、「冷凍保存された記憶」といわれます。トラウマを受けた時の五感、感情、思考などがそのまま脳の中に冷凍保存されるのです。

トラウマとなる出来事は、人によってさまざまです。同じような体験をしても、トラウマを抱える人とそうでない人もいます。問題なのは、「本人がそれをどう感じて、どう受け止めたのか」だからです。

客観的に見て、悲惨な経験ではなくても、本人が「つらすぎる」と感じることが慢性的に続けば、それはトラウマになりえます。そういう意味では、感受性が強く、深く受け止める性質があるＨＳＰは、トラウマを抱えやすいと思われます。

とはいえ、ＨＳＰが全員トラウマを抱えるわけでもありません。本人の素因だけではなく、その時の環境や状況も大きく影響するといわれています。

そこで、トラウマとなりやすい要因の中で、特にＨＳＰに関係が深いと思われる2点を説明します。

(1) 独りぼっちだった

トラウマを抱えてしまう最も大きな要因は、「傷ついた時に支えてくれる人がいたかどうか」だといわれます。つまり、心のキズを癒やすことができなかったということは、独りぼっちだったのでしょう。大人や友達が近くにいたとしても、安心して「つらい、悲しい」と打ち明けられなかったのかもしれません。

ＨＳＰは少数派であるために、自分が感じていることを周囲に理解してもらえず、「気にしすぎ」「神経質だ」と言われ続けてきたという人も、少なくないと思います。

このような「独りぼっち」という感覚がトラウマ記憶と共に冷凍保存されてしまう

と、今の世界の捉え方に大きく影響してきます。「誰も助けてくれない」「誰も頼りにできない」「自分は助けてもらう価値なんてないんだ」といった感覚が染みついてしまいます。すると、人を信じられなくなるだけでなく、自分自身も信じられなくなることがあります。

つまり、「こんなに苦しいのは自分が悪いんだ、自分が弱いから誰も助けてくれないんだ」と自分を責めるようになってしまいます。

トラウマからの快復には、信頼できる安全・安心な人とつながり、「助けて」と言えるようになることが大切です。

⑵ 固まるしかなかった

私たちは何か恐ろしいことがあると、立ち向かって戦うか（Fight）、逃げる（Flight）ことで生き延びようとします。

しかし戦うことも逃げることもできず、固まる（Freeze）ことしかできない場合もあります。恐怖の中、ただ固まることしかできない恐ろしさは、ただごとではありません。

動物の世界では、仮死状態となってその場をやり過ごす、という生き延びるための本能があります。人間にも、この「固まる」本能があり、その負の側面が「凍結保存」としてのトラウマ記憶となっているといわれます。

特に子どもの場合は、立ち向かうことも逃げることもできないことが少なくありません。子どもへの暴力や暴言がトラウマとなりやすいのはそのためです。

そこまでいかなくとも、自分の感じ方を否定されたり、自分がひたすら我慢し続ける状況も、似た影響を及ぼしやすくなります。「固まり」続ける中で、自分の感情を押し殺していると、感情が「麻痺」するというトラウマの特徴的な症状が現れてきます。「悲しいのに泣けない」「怒りたいのに怒れない」など、自分の気持ちが分からなくなってしまうのです。そして、極端な感情になったり、急に気持ちが変わったり、キレやすくなることもあります。

トラウマの予防・快復のためには、自分の感情に気づくことがカギとなります。少しずつ自分の気持ちを言葉にする練習をして、安心できる人に聞いてもらえることは、治療としても大切なことです。

なかなかよくならないうつ病などの精神疾患の影には、このようなトラウマが隠れていることがあります。思い出すとあまりにツラくなる場合は、精神科・心療内科などでご相談ください。

5章

相手との境界線を育てるためのレッスン

「境界線を引く」とは、簡単にいうと、自分と相手の問題を分けて考えられるようにするということです。自分と相手の間に境界線を引くと、感情に振り回されずに、客観的に事実を見られるようになります。

ＨＳＰは、気づくと空気を読んでいたり、相手の気持ちが分かったりするがために、自分と他人との境界線（バウンダリー）があいまいになりがちです。

この章では、人間関係を少しでも楽にするために、私のやってきた境界線の引き方を具体的に説明します。

人との境界線があいまいになっている状態とは

私は境界線がなさすぎて、周りの人の言葉をすべて受け取っていました。その頃は、人間関係がつらくて、「生きていくのに向いていない」と、何度も思いました。

心療内科の先生にも、「周りの人があなたに言ったことを、すべて受け入れる必要はないんだよ。あなたはあなたの境界線を守っていいんだよ」とよく言われました。でも当時は、「言われたことを受け入れられないのは、私がわがままだから」「受け入れられないと、私に向上はありえない」と思い込んでいたのです。

「境界線があいまい」とはどういう状態なのか、例を挙げてみます。

例① 人から何か否定的なことを言われた時

「言われた言葉をすべて受け入れて、自分を変えなければならない」と感じる

例② 人から相談を受けた時

「自分を犠牲にしてでも相手の役に立たなければならない」と思う

こんなふうに感じている時は、境界線があいまいになっています。特にHSPは、言われた言葉から強い衝撃を受けやすい傾向にあります。相手の状況に強く共感してしまうため、心の動揺も大きく、境界線があいまいになりやすいのです。このような時、どうすればいいでしょうか?

まず、例①と例②のように、境界線があいまいになっていることによって起きてくる心の動揺には大きく分けて2つあります。

「人に侵入される」ことと、**「相手に侵入する」**ことです。

そのどちらに対してもできることがあります。それは、自分の特性を理解することです。

私が、境界線を引けるようになった大きなきっかけは、HSPの概念に出会ったことでした。私と同じように感じているのは5人に1人と知った時、周りのHSPでない人に、聞いてみたことがあります。

他人から否定的なことを言われた時、どう思ってどんなふうに感情を処理するのか。

すると、「ショックを受けることはもちろんあるけど、『この人はそう思ったんだな』と思う。『自分がいけなかったんだと責めたり、自分を変えないと！』とまでは思わない」と言われた時は、驚きました。

自分は自分、相手は相手。考え方や感じ方が違ってもいい。どちらが正しくてどちらが間違いということではなく、お互いに「そう思うんだね」と認める。違いを認めることは、相手を否定することではありません。突き放すわけでもありません。適切な距離を置くからこそ、自分も相手も大切にできます。それが境界線を引くということです。

人に何を言われても、「あなたはそう思うんですね、私はそうは思わない、はい終了！」と今は思えるようになりました。

自分と相手との間に一線を引くことが、何よりも大事です。

境界線の引き方①
人から否定的なことを言われた時

では次に、境界線を引くとはどういうことなのか、私が普段実践している方法を紹介します。

例① 人の言葉でショックを受けた（人に侵入された）

2歳の息子を育てる中で、傷つく言葉を言われることはよくあります。

例えば、「そんな甘やかしてないで、もっと厳しく叱らないと大変なことになる」「最近のお母さんはスマホやテレビに育児をさせて」などです。

そのまま受け取ってしまうと「母親失格なんだ……」と落ち込んでしまいます。

こんな時、まずは言ってきた相手が、私の人生においてどの程度の存在なのか考えます。
● その人の言葉を受け入れなければ生きていけないのか ↓ ただの通りすがりの人

だから、受け入れなくても大丈夫

- 普段の子育てを知っているのか　↓　知っているわけない
- 今後もつきあいがあるのか　↓　名前も知らないからつきあうことはない

ということは、聞き流していい言葉だ。

こんな感じに解決できます。

毎日顔を合わせる家族や、親しい友人の言葉ならば、いつもの私と子どもの様子をよく見たうえでの助言の可能性がありますよね。そういう言葉は素直に聞いたほうがいいと考えています。しかし、子育ての批判をしてくる人の多くは、たまたま出会ったママやおばさんたちです。

毎日公園や遊び場でいっぱい遊んでいることも知らず、たまたまスマホを見せていた時に出会っただけ。厳しく叱りつけるのではなく、優しく諭したほうがうちの子どもは言うことを聞くのを知っているのは私。一場面の関わりだけを見て思ったことを言ってくるにすぎない。この事実に気づくだけで、言われた瞬間はショックを受けるかもしれませんが、次の瞬間にはパッとかわせるようになりました。

この考え方は、子育てだけでなくいろいろな場面でも使えると思います。

境界線の引き方②
人から相談された時

次の例です。

例② 相手のことを心配しすぎる（相手の問題に侵入してしまう）

相手の話を聞いているうちに、疑似体験のような感じで、相手と同じように苦しくなることがHSPにはよくあると思います。そして、「何とかしなくては」と思って、やりすぎて倒れる。私はこの繰り返しでした。

こんなふうに、自分の身に問題が起きているわけでもないのに、不安に駆られて「やらなきゃ」と感じていることに気づいたら、「自分自身に問いかける」ことにしています。

何かをやらなければと思う時、「それは本当にやりたいこと？」「自分のため？」「やらなければいけないと思うのはなぜ？」と問いかけるのです。

「あの人がつらそうだから……」

「人に言われたから」

「みんなやっているから」

「頼まれたことは最後までやり抜かないといけないから」


このように、人のためにとか、思い込みによって「やらなきゃいけない」と思っていないかを確認してみてください。

「人のために何とかしなくては」と思っていることに気づいたら、「これは私の背負うべき問題ではない、相手の問題だよね、はい終了！」と一線を引く練習をすることです。

これは、たとえ相手の苦しみに気づいても、「あえてやらないレッスン」です。


もちろん人のために何かすることは大切です。今問題にしたいのは、「相手のために」という正論に振り回されて、自分のつらさを見て見ぬふりをしていないか、ということです。

最初は、「相手のつらさに気づいているのに、何もしないなんて冷たいんじゃないか」と自己嫌悪に陥ることもありました。

しかし、全部を受け取っていたら、自分がもちません。

「人の手助けをするためには、まず自分が元気でないといけない。積極的に関わるのが無理でも、長い目で見て倒れないことのほうが、相手のためにもなる」と気づいてからは、倒れるまで無理を重ねてしまうより、現状維持がいいよね、と思えるようになりました。

そして、実際に境界線を引いてみると、見えてくることがあります。

たとえ私がメールの返信を怠っても、相手は大丈夫だし、私も大丈夫。

相手には私しか相談相手がいないわけではなく、私がダメなら他の人のところへ行けるから大丈夫。

このように、自分が動かないからといって、必ずしも何か恐ろしいことが起きるわけではないと体験的に知ることで、無理をしなくても大丈夫と思えるようになります。

それでも、ＨＳＰの中には、「人に嫌われるかもしれない」ということに、恐怖を感じる人も多く、ハードルが高い人もあるかもしれません。そういう時は、**こちらの状況を「あえて伝える」**ことが大切です。

「力になりたい気持ちはあるけれども、今はどうしてもできないんだ」「申し訳ないけど、また来週聞くね」というように伝えればいいのです。

その一言があるだけで、相手との関係性を変えることなく、かつ自分も無理することなく人間関係を築いていくことができます。

嫌われることを恐れない考え方

先ほども書いたとおり、HSPは、人に嫌われることに、恐怖を感じる人が多いと思います。

否定されたり、批判されたりした時、「人間関係というのはそういうものなんだ」と気づけると、楽になれます。

『嫌われる勇気』（岸見一郎、古賀史健 著）の中に、こんな話があります。

10人の人がいるとしたら、そのうち1人はどんなことがあってもあなたを批判する。あなたを嫌ってくるし、こちらもその人のことを好きになれない。そして10人のうち2人は、互いにすべてを受け入れ合える親友になれる。残りの7人は、どちらでもない人々だ。

批判してきた人のことばかり気にしてしまって、不安でしかたなくなることはないでしょうか。

この話でいうと、嫌ってくる1人にばかり目が行って、無条件に私を好きになってくれる2人も、批判してきていない7人のことも忘れてしまっている状態です。

どれだけ努力しても、すべての人に好かれることはできない。そういうものだと明らかにみて、一喜一憂しないでいいと気づくと、すごく楽になれました。

人間関係のマイルールを作っておく

ここまでをまとめると、侵入してくる相手に対しては**「客観的に見るレッスン」**をして、相手に侵入してしまいそうな時は、**「あえてやらないレッスン」**をすればいいということです。

そのうえで、人と関わる時のルール作りをしておくことも、境界線を育てるのにとても有効です。

例えば、こんなルールを作っておくといいと思います。

リアルやネット上で、不安になることや傷つくことが、3回あったら、その時点でその人との関係性を変える。リアルの人ならしばらく会わない、連絡をしない、向こうから連絡が来た場合は、1日くらい置いてから返信をする、などです。

ネット上では、相手をブロックしたり、相手の発言を見えないようにしたり、SNSを退会するなどです。

境界線がしっかり引けるようになると、何か起きた時の心の動揺が全く違います。「敏感に感じてしまってショックを受ける」という特性は変わらなくても、ただ落ち込むのではなくて、それ以降引きずらずに済むようになります。

これができるようになったことで、別の人の人生に変わったかと思うほどの変化がありました。

そんな大事な境界線を引けるようになるのも、レッスン次第です。それにはまず**「境界線を越えている／越えられている」**ことに気づくことです。そして、線を引く練習をしていくと、だんだんとできるようになります。

境界線とは、自分も人も大切にするための、絶対に必要なラインです。できることからやってみてください。

自己肯定感を育て直す時に
いちばん大事なことは「頑張らないこと」

今まで
自己肯定感が低くて生きづらくなるくらい

自分を否定して　頑張ってきたんだから

これからは
いっぱい褒めていってほしいな

「うつ病」になったことにも、きっと意味がある

高木 英昌

うつ病は、気持ちが落ち込み、意欲が出てこなくなってくる「病気」です。決して怠けや気合が足りない状態ではありません。むしろ、本当は休みが必要なのに頑張りすぎてしまうことで発症してしまうことが多いです。

自分のことよりも周りを優先しがちな人、人に相談したり頼るのが苦手な人、何でも1人で頑張ろうとしてしまう人も、リスクは高いといえます。

うつ病がよくなってくると、当たり前ですが「早く病気になる前に戻りたい」という気持ちも強くなってきます。同時に「再発したらどうしよう」「焦っちゃいけない」と不安も出てくるかもしれません。波はどうしてもあります。

外出できたり、笑えるようになったり、はたから見れば「もう元気になったね」と

言われるようになっても、「本当に大丈夫かな」という不安がなくならない、という人も少なくありません。でも、それが普通の快復経過です。

この時期には、「うつ病がよくなるとはどういうことか？」をぜひ一度考えてみてください。

「病気になる前に戻ること」と思いがちですが、そうではないと思います。病気になる前に戻るということは、また再発するかもしれない状態に戻るということだからです。

「よくなる」とは、**病気になる前よりもよくなる**ことです。**病気になったことを成長のきっかけにする**、ともいえるかもしれません。

例えば、何でも1人で頑張りがちならば、1人で頑張りすぎないことが大事です。自分なりの休み方がよく分からないのならば、どうすればホッとできるのか、いろいろ試してみてはどうでしょう。

自立するとは、人に頼らず1人で頑張れることではなく、頼り上手になることです。自分ですべきことと、頼っていいことを見分ける練習をしていくことでもあります。

自分でできるのに、何でも他人に依頼するのは、もちろんよくないことです。しかし、自分だけでは抱え切れないことまで、自分1人で何とかしようと頑張りすぎると、どこかで倒れてしまいます。

人は1人では生きていけません。何でも1人でできてしまう人なんていません。「助けを求めず、1人で生きていく」、それが「自立」と思いがちです。しかしそれは、「自立」ではなく、「孤立」であり、とても孤独で、不安な、心細い生き方ではないでしょうか。

誤解を恐れずにいえば、「うつ病になってよかった、おかげで違う生き方があることに気づけた」と思えるようになるといいですね。

6章

HSPに お勧めの ヒーリング法

ＨＳＰは、薬の副作用が出やすかったり、検査で異常は出ないけれども具合が悪いこと（不定愁訴）が少なくないように思います。だからこそ、薬を使わず自分でできるセルフケアがたくさんあるといいですよね。

この章では、つらいと感じた時、癒やされたい時に、私がやってきたさまざまな方法を紹介します。

この中から1つでも、皆さんに合ったヒーリング方法が見つかることを願って、すべて書いてみたいと思います。

食事療法

メンタルの不調やだるさを解消したい時に

仕事や毎日の生活で精いっぱいで、原因不明の体調不良やメンタルの落ち込みで生きづらい、もう何から手をつけていいか分からない、という人は、ぜひ食事の工夫から試してみてください。

特に、ＨＳＰは、外から来る刺激だけでなく、ホルモンなどの体内の変化にも敏感に反応しやすいように思います。食事は毎日のことだからこそ、よくなる可能性が高いと感じます。

私がうつ病の頃は、そもそも食欲がなくて、食べない日も少なくありませんでした。ゼリー飲料で済ませたり、食べてもおにぎりやパンだけ、という日もありました。食べないよりはマシだと思いますが、こういう糖質に偏った食事をしていると、低血糖症（血糖値が急に上がってストンと下がるなどの調節異常）を起こすことがあります。私もこの血糖値の変動によって、メンタルに悪影響があったと思っています。

そういう偏った食事で圧倒的に足りていなかったのが、**タンパク質と鉄分**でした。


食事を見直そうと思ったきっかけは、うつ病になると減るといわれるセロトニンなどの神経伝達物質も、タンパク質からできているという話を聞いたからでした。

タンパク質と鉄分の摂取を意識してから、急激なメンタルの悪化が減り、体のだるさ、重さが徐々に改善していったように感じています。

ここでは、気力がない時でもできる、今の食事にちょっとプラスするだけの方法を紹介したいと思います。

毎日バランスのよい食事を取れていれば、基本的にそんなに偏ることはないはずですが、おにぎりやパン、うどんなどの炭水化物中心の食事が多い人は、一度、自分に必要なタンパク質量を取れているか、確かめてみてください。

タンパク質摂取の目標は、体重1キログラム当たり、1グラムが目安です（体重50キログラムの人は50グラム）。

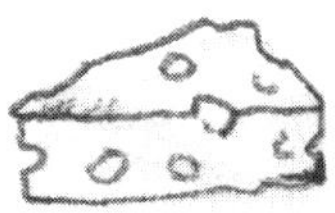

タンパク質10gを取るために必要な量

鶏　肉	55g
豚　肉	83g
牛　肉	65g
チーズ	50g（6pチーズ約3個）
イワシ	63g（約1匹）
白　米	650g（普通盛り約4杯）

簡単なのは、卵を1日2~5個食べることです。

かつては、コレステロールの働きが十分に分かっておらず、「卵は1日1個まで」といわれていましたが、今は複数個食べても大丈夫といわれています。

特にゆで卵は一度にたくさん作れます。冷蔵庫に入れておけば、いつでも食べることができるので、お勧めです。

他には、プロテインスコアの高い動物性タンパク質を取ることです。例えば、鶏肉、豚肉、牛肉、チーズ、イワシなどです。

3食とも定食のような食事が取れればいいのですが、食事だけでタンパク質50

グラム を取る（体重50キログラムの場合）のは、なかなか難しいのではないかと思います。

そんな方には、プロテインや鉄剤をサプリで補うことも勧められています。

ちなみに、ドラッグストアなどで市販されている鉄剤は「ヘム鉄」です。ヘム鉄は便秘になりやすいため、貧血があってものめないという人もいるかもしれません。その場合は、「キレート鉄」のほうが吸収率が高く、便秘にもなりにくいとされています。キレート鉄は店頭販売はあまりされていませんが、インターネットで購入できます。


私が試したサプリは、次のような物です。

・プロテイン
・鉄剤（キレート鉄）
・ビタミンC
・ビタミンB
・ビタミンE

女性の方は、月経のため定期的に出血し、貧血になりやすいため、特に鉄剤は取り入れ

たほうがいいようです。

注意点として、鉄剤とビタミンEは一緒にのまないようにしましょう。ビタミンEは朝、鉄剤は夜にのむなど、時間をずらしてください。

※基礎疾患がある方は、主治医と相談してください。あくまで、病気とまではいかないけれども体調不良（不定愁訴）のある方に対してお勧めしています。

※サプリは、物によっては添加物も多いため、添加物で体調が悪くなる方は避けたほうがいいかもしれません。どこで買ったらよいのか分からないという方は、分子栄養学に詳しい精神科医の藤川徳美先生の著書をごらんください。

食事療法について詳しく知りたい方は、『疲労も肥満も「隠れ低血糖」が原因だった！』（溝口徹 著）、『うつ消しごはん』（藤川徳美 著）をごらんください。

タッピング

つらい感情を消し去りたい時に

過去の自分と対話をしていく中で、思い出すとつらくなる記憶に苦しめられることがよくありました。「過去のつらかった心で、今現在を生きているような状態」が続いて、かなり戸惑いました。そんな時、何とかしようともがいて行き着いた方法が、タッピングです。

タッピングとは、顔を中心とした部位を指で優しくトントンとタップする（軽くたたく）ことで、つらい感情を消し去ることができるセルフケアの方法です。

歌いながらやったり、無言でやったりと、いろいろな方法がありますが、私には、自分に合う言葉を唱えながら行う方法が効果的でした。

タッピングは簡単にできて、すぐに効果が得られますが、「今どんなことに悩んでいるのか」「どうなりたいのか」という心の状態を明らかにしなければならないのが、少し難しいところかもしれません。
まず、タッピングのツボの位置と、タッピングのしかたから説明します。

タッピングをするツボの位置（14カ所）

①眉がしらスポット
②眉じりスポット
③目の下スポット
④口ひげスポット
⑤あごスポット

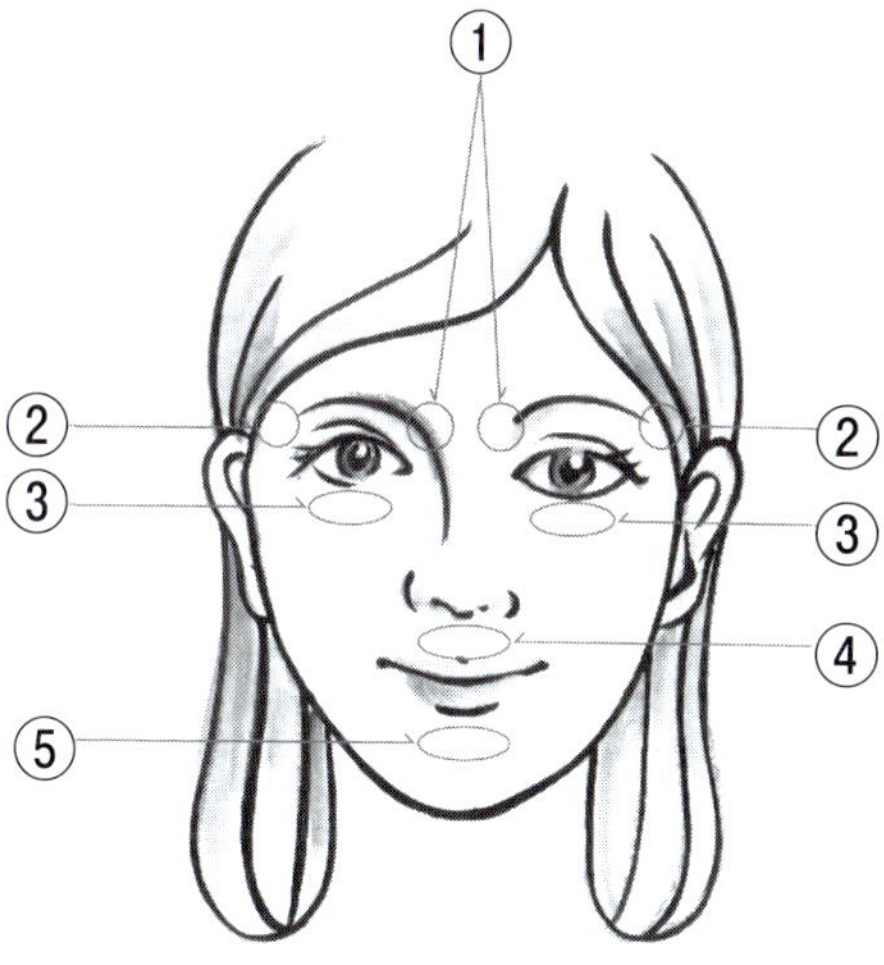

⑥親指スポット
⑦人差し指スポット
⑧中指スポット
⑨Vスポット
⑩小指スポット
⑪空手スポット

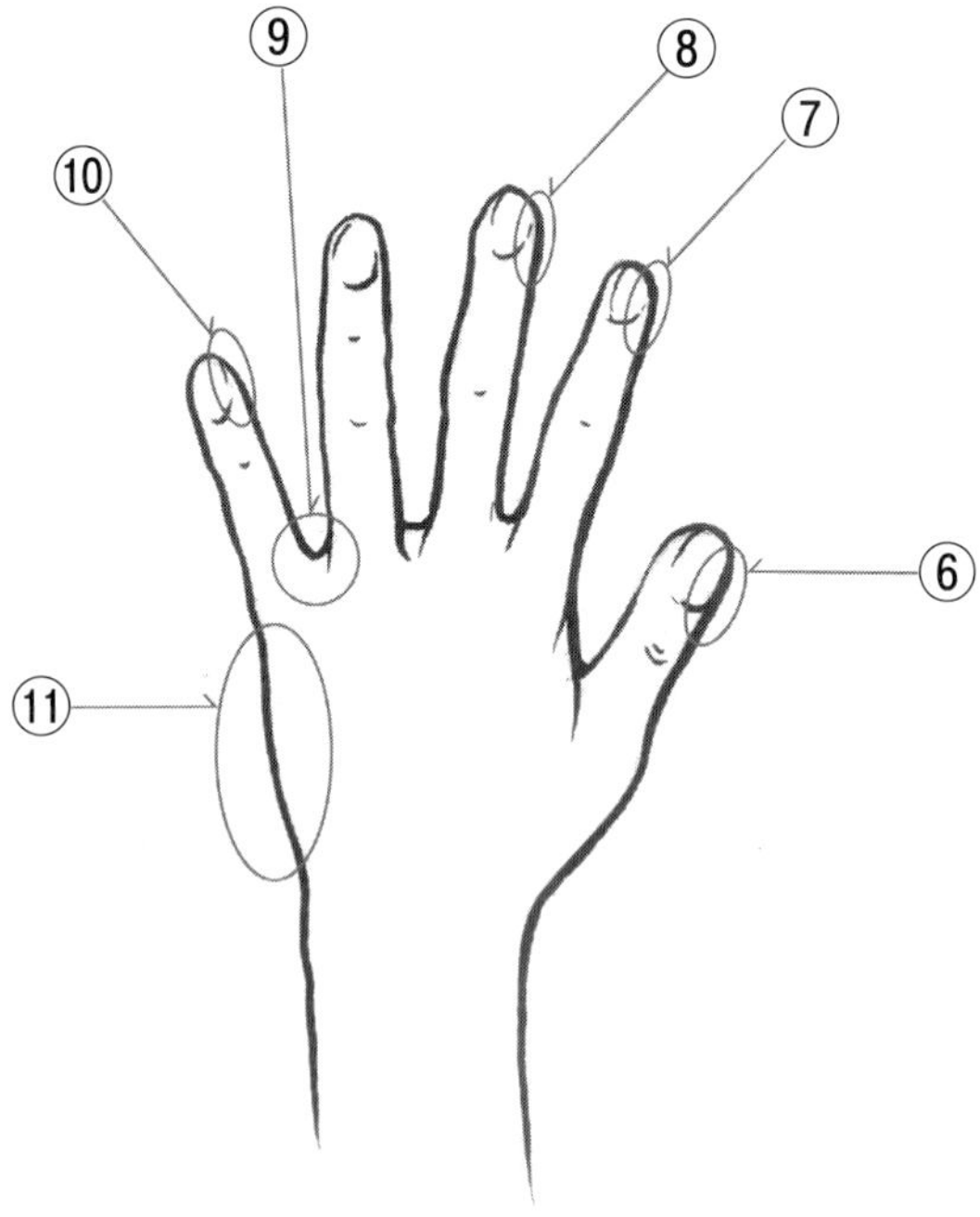

⑫鎖骨スポット
⑬脇の下スポット
⑭誓いスポット
（ここはタッピングせずに、
握りこぶしで優しくさする）

①から順番に、人差し指・中指・薬指の3本の指を使ってトントンと軽くタップします。

速さや強さは、自分が「楽だな」と感じるところを探してみてください。

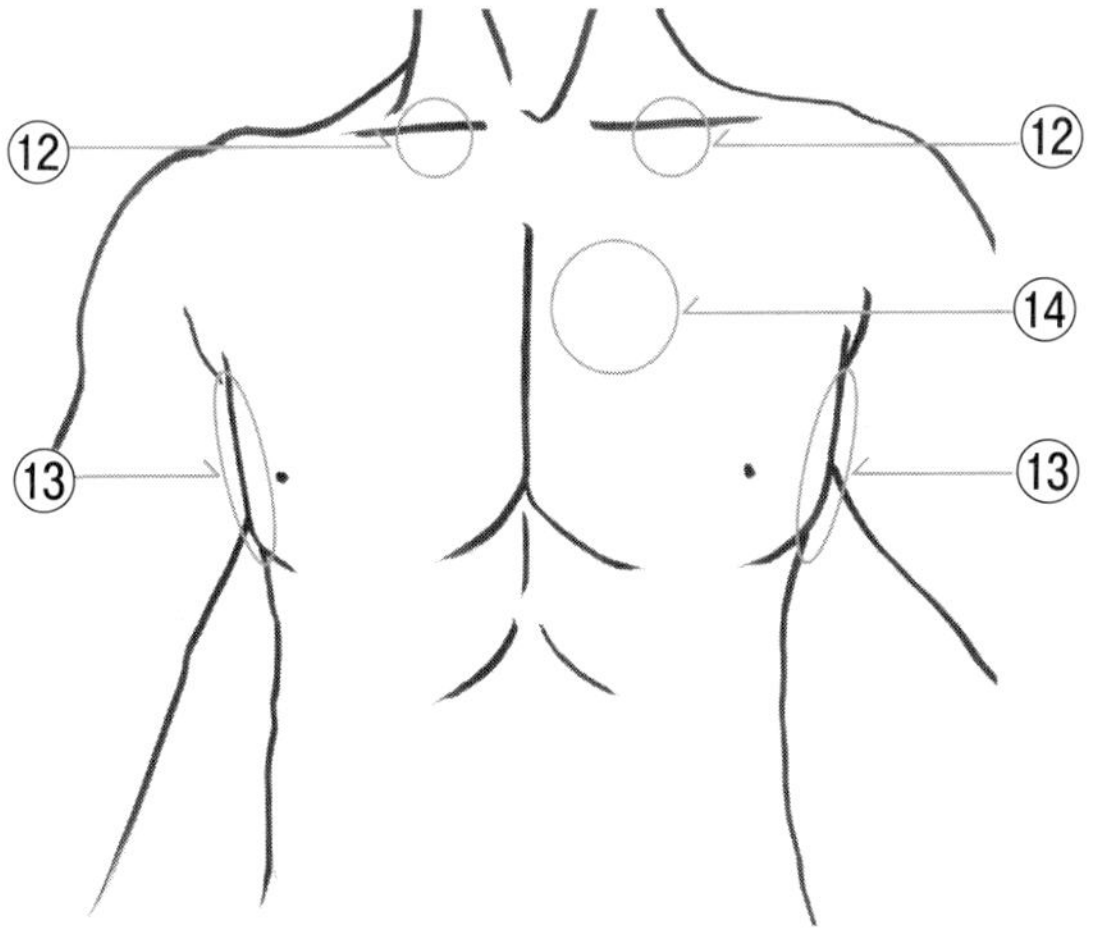

次に、タッピングの時の唱える言葉の作り方を説明します。

(1) どんな感情を手放したいのかハッキリさせる

心がもやもやして晴れない時、小さい子の目線に合わせて「どうしたの？」と自分に尋ねる感じです。※ここは具体的で、「自分自身」のことでなければいけません。

すると、「あの人に言われた言葉が引っかかっている」とか「昨日の失敗を引きずってて……」というような気掛かりなことが、見えてきます。

(2) 苦しみのレベルを測る

A
穏やかな気分

B
悩まされても、
ひどく動揺する
ことはない

C
Dよりはましでも、
いい状態ではない

D
ひどく動揺するが
まだ耐えられる

E
最悪の気分

作ったセンテンスを口に出した時、どのくらい動揺しますか？

ここで注意が必要です。

Aの状態まで持っていくには、DやEのレベルから始めなくてはいけません。そのため、つらい作業になりますが、できるだけ鮮明に思い起こしてください。

⑶それらを元に、センテンスを作る

「たとえ◯◯だとしても、私は大丈夫」

◯◯の部分に、気掛かりなことを入れます。

例えばこんな感じです。

- **たとえ　あの人に嫌われたとしても　私は大丈夫**
- **たとえ　失敗したとしても　私は生きていてもいい**
- **たとえ　批判されたとしても　それは全然大したことではない**
- **たとえ　具合が悪くなくても　私は休んでも大丈夫**

「とても大丈夫だなんて思えない。だから大丈夫なんて口にできない」と思うかもしれません。しかし、そういう人こそやってみてほしい、そういう人のためのセルフケアだと思います。

⑷ タッピングをしてモヤモヤを消す

センテンスが完成したら、唱えながら上記の場所を指でトントンと軽くタッピングしていきます。

14カ所すべてをやってもいいですし、自分の好きなスポットだけでもいいと思います。繰り返していくうちに、だんだんとAに向かって気持ちが変わっていくはずです。

「そんな簡単な方法で本当に嫌な感情が消えるの？」と半信半疑でした。ですが、繰り返すうちに驚くほどの効果が表れますので、ぜひ試してほしいと思います。

※参考　ロベルタ・テムズ（著）、浅田仁子（訳）『タッピング入門 シンプルになった〈TFT&EFT〉』

アファメーション
なりたい自分になるために

アファメーション（affirmation）とは、ラテン語のアフィルマレ（affirmare: 肯定する）から来ている言葉で、**「自分自身への肯定的な宣言」**をすることです。

アファメーションを行う際のポイントが2つあります。

- **否定語を使わない**
- **現在形の言葉を使う**

この2つを意識して言葉を作ってみてください。

また、次のような言葉を聞いたことはないでしょうか。

思考を変えれば行動が変わる
行動が変われば習慣が変わる
習慣が変われば性格が変わる
性格が変われば運命が変わる

運命を変えるにはどうすればいいのか。大きなきっかけが必要なのではなく、今の思考を変えればいいのだと教えられています。この「思考」を変えるために大切なのが、「言葉」です。言霊ともいわれますが、どんな言葉を使うかで、潜在意識にも大きな変化が生まれます。人間の潜在意識は不思議ですよね。

アファメーションの言葉はいろいろなバリエーションがあります。

- **私は私のままでいい**
- **私は私の好きなことができる**
- **絶対大丈夫**
- **できる**
- **私には乗り越える力がある**

これは一例ですが、あなたのお守りの言葉をぜひ作ってみてください。

また、どんな言葉を使ったらいいのか分からない、という方にお勧めしたい言葉があります。

『大丈夫！
全てはうまくいっている
あれはあれでよかった
これからもっとよくなる』
（中島輝「自己肯定感レッスン」の内容より）

この言葉は唱えていくうちに、何が嫌だったのか見えてきて、気づくと前を向ける魔法のような言葉でした。

このような前向きな言葉を唱えながらタッピングを行うのも有効です。

タッピングもアファメーションも、毎日続けることが大切です。ぜひやってみてください。

瞑想法

悪夢を見るのが怖い、不安を和らげたい時に

いろいろな情報で頭がいっぱいになりやすいＨＳＰにとって、静かな環境で心の整理を行える瞑想法はとても有効だと感じています。

ただ、気をつけたほうがいいことがあります。

私が最初にやろうとした時、過去の思い出したくない記憶が一気によみがえってきてしまい、かなり戸惑ったことがありました。

トラウマを抱えている人が瞑想をする時は、そういうことが起こりうることを想定しておいたほうがいいと思います。

ここでは２つの例を紹介します。

●悪夢を見る時

子どもの頃から悪夢を見ていました。心の状態が悪くなってくると、悪夢の内容が恐ろしいものになってきて、夢を見るのが怖いから、眠るのが怖いというループに陥ることもよくありました。

眠れなくなると、すぐに体調に支障を来すので、何とかしようと思ってやってみたのが、寝る前の瞑想でした。

いろいろ試してみた中で、いちばんやりやすく、効果のあった方法を紹介します。

瞑想にどれくらい時間をかけるかは、人によってさまざまだと思いますが、私は集中しようとすると、過去の嫌な記憶まで出てきてしまったので、長くても3～5分で終わらせることにしていました。

①楽な姿勢で座り、目を閉じ、呼吸を整える
②朝起きてから、寝る準備をするところまでの1日の出来事を、ざっと振り返る
③引っかかったところに返って、「今はそんなふうに感じるんだね」と客観的に見る

これだけです。イメージは、テレビの画面に自分の1日を映して、それを見ている感じです。

その中で、「あの人の言葉がつらかった」とか「お客さんの表情が気になった」とか「私の言葉であの人が傷ついてるんじゃないかな」など引っかかるところがあっても、あえて深く考えずにざっと振り返ります。

そして、ひととおり終わってから、引っかかったところに戻って、批評はせずに「今はそんなふうに感じるんだね」と自分で自分に声をかけます。

これだけなのですが、驚くほど悪夢が減りました。

悪夢を見るのが怖いと思っている人は、ぜひ試してみてください。

●不安でしかたがない時

心配なことがあったり、先のことを考えすぎて不安に襲われた時、役に立ったのが、自分の体から木の根っこが生え、その根っこから大地のエネルギーを体に取り入れるという瞑想法です。

①楽な姿勢で座り、骨盤を軽く起こす
②自分の体が地中に沈み込み、大地の中にしっかりと根を張るようなイメージをする
③その根1本1本から、地球のエネルギーが光となって足、おなか、胸と全身を巡り、頭まで満たされるイメージをする
④満たされるまで取り込んだら、身体が温まる感覚をしばらく味わう

これをやることで、不安でグラグラしていた心を落ち着けることができました。
HSPはイメージする力の強い人が多いと思うので、この方法はお勧めです。

※参考　綿本彰（著）『Yogaではじめる瞑想入門』

ツボ押し

気圧からくる体調不良や、メンタルの不調を和らげたい時に

気圧からくる目まい、耳鳴り、頭痛、倦怠感やPMS（月経前症候群）には、効く薬もなく寝ているしかない、ということがよくありました。そんな中で、何かできることはないかと調べて行き着いたのがツボ押しです。

誰でも自分で簡単にできるので、ぜひやってみてほしいと思います。

合谷（ごうこく）

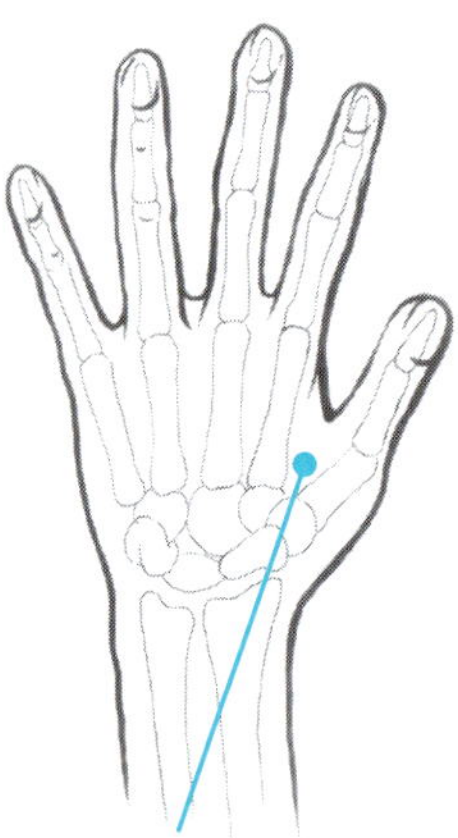

手の甲側の、
親指と
人差し指の間

頭痛、痛み、耳鳴り、無気力など幅広い症状に効果的なツボです。親指をツボに当て、骨のキワを押し上げるように押します。

内関（ないかん）

頭痛、吐きけなど気分が悪くなった時にお勧めのツボです。

皮膚に対して垂直に押すのがポイント。自律神経を整える効果が期待できるので、気圧による体調不良の時によく使います。

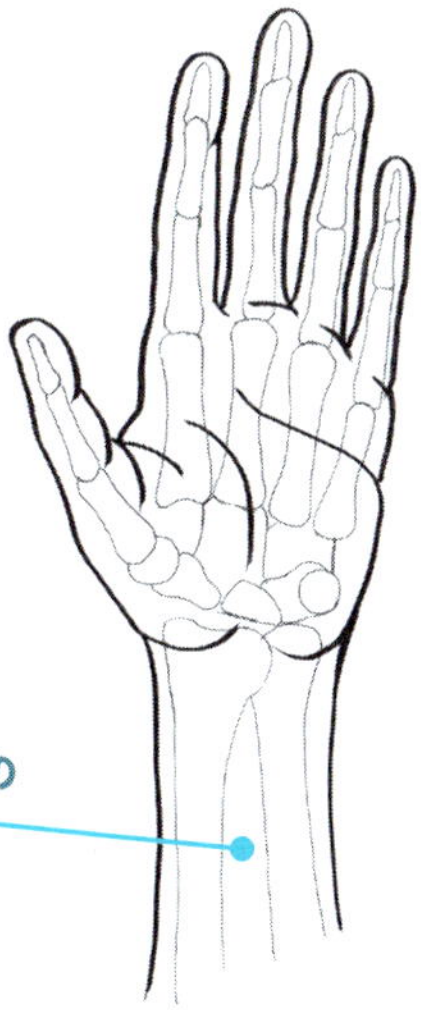

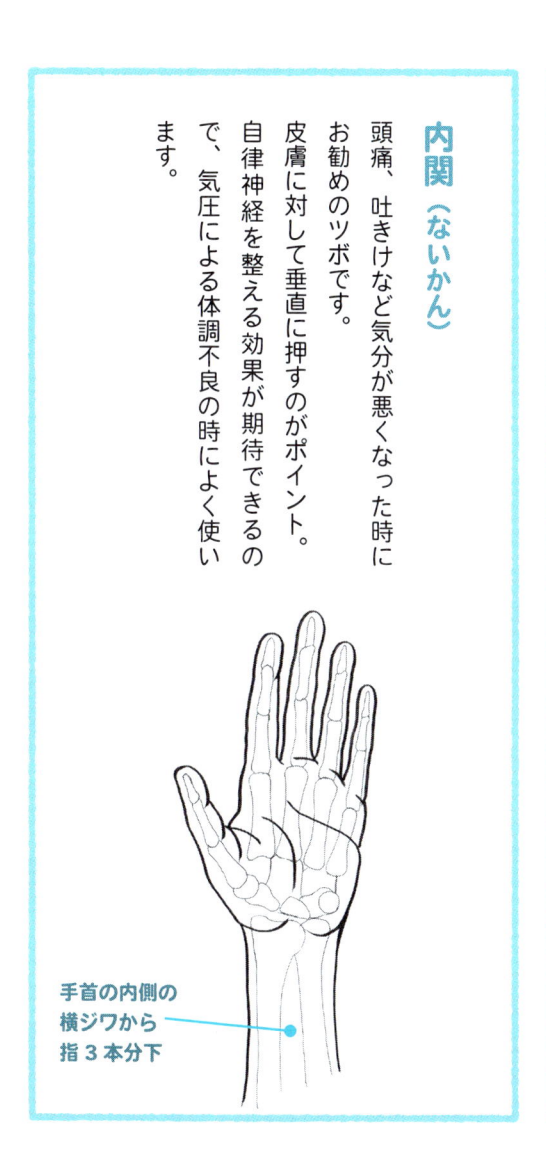

百会（ひゃくえ）

うつ傾向やＰＭＳ（月経前症候群）にも効果が期待できるツボです。
体の中心に向かって押すイメージです。

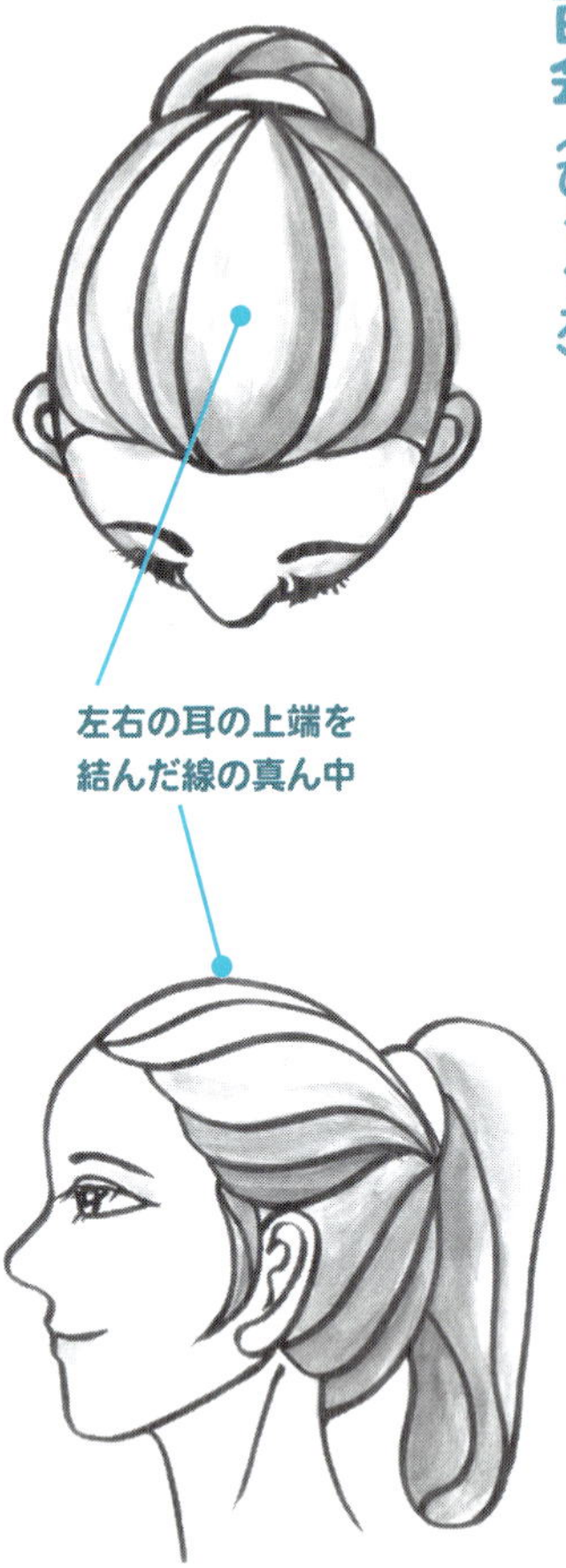

ツボ押しはいつでもどこでもすぐにできるので、覚えておいて損はないです。

※参考　加藤雅俊（著）『ホントのツボがちゃんと押せる本　一日でわかる！必ず見つかる！』

アロマセラピー

落ち着きたい時、リフレッシュしたい時に

アロマオイルは、精油ともいわれ、天然の物から抽出したオイルのことです。

セルフケアに精油を使っている人や、これから使ってみたいと思われる方も多いのではないでしょうか。私が、HSPにお勧めしたいアロマオイルの使い方は、好きな精油をマッサージオイルにして、持ち歩くことです。

人混みや、ささいな人の言葉で、パニックを起こしそうになることはないでしょうか？人の五感のうち、嗅覚だけがダイレクトに脳（感情を司る大脳辺縁系という部分）に届きます。そのため、香りをかぐことで、気分を変えたり、感情をリラックスさせて落ち着かせたりする効果が期待できます。

マッサージオイルの作り方もご紹介しますが、その前にHSPの人がアロマを使う時の注意点があります。

(1) 適量を調整する

感覚が敏感なHSPにとっては、本やインターネットに載っている精油のブレンドレシピの適量は、多すぎると感じることがよくあります。

お店でたいているアロマの香りで、酔ってしまう人もあると思います。使って気分が悪くなっては元も子もないので、少なめの量から始めてください。

(2) 柑橘系の精油には特に注意

グレープフルーツなどの柑橘系の精油は、皮膚に刺激を与えたり、太陽に当たると炎症を起こすことがあります。マッサージオイルに入れる場合は、日中は使わないようにしましょう。

(3) においをかぐ時に気をつけること

精油を選ぶ時、ビンを直接鼻に近づけないようにしましょう。ビンを胸の辺りに持って、反対の手であおぐようにしてかぎます。ただでさえ香りに敏感なので、注意しましょう。

どんな精油がいいのかは、まずお店に行って、酔わない程度にいくつか試してみて、フィーリングで選んだらいいと思います。

フィーリングで選ぶというのは、その時なんだかほっとするとか、いい香りと感じるものを選ぶということです。

もちろんその時その時で、どれが合うかは変わります。一般的に「こういう効果があるようだから」と効果だけを見て合わない精油を使っていても、気分が悪くなって疲れるだけのこともあります。

私は鎮静効果があるとされる精油が好きですが、リラックス効果で有名なラベンダーは実は苦手な香りです。特に病んでいた頃は、ラベンダーの他、葉っぱや花から抽出される精油を、もう受け付けませんでした。逆に、根、木の幹などの、大地からの香りは落ち着けました。

単体ではあまり好きではない精油でも、ブレンドするとものすごく印象の変わる物もあります。ラベンダーはその点、他の精油との相性がよく、ブレンドするには最適な精油だと思っています。

心を落ち着かせたい時にお勧めのブレンドレシピ

●用意する物

・精油
①パチュリ、ラベンダー、
オレンジスイート
②ラベンダー、フランキンセンス
・キャリアオイル（植物油）
・ビーカー
・遮光瓶

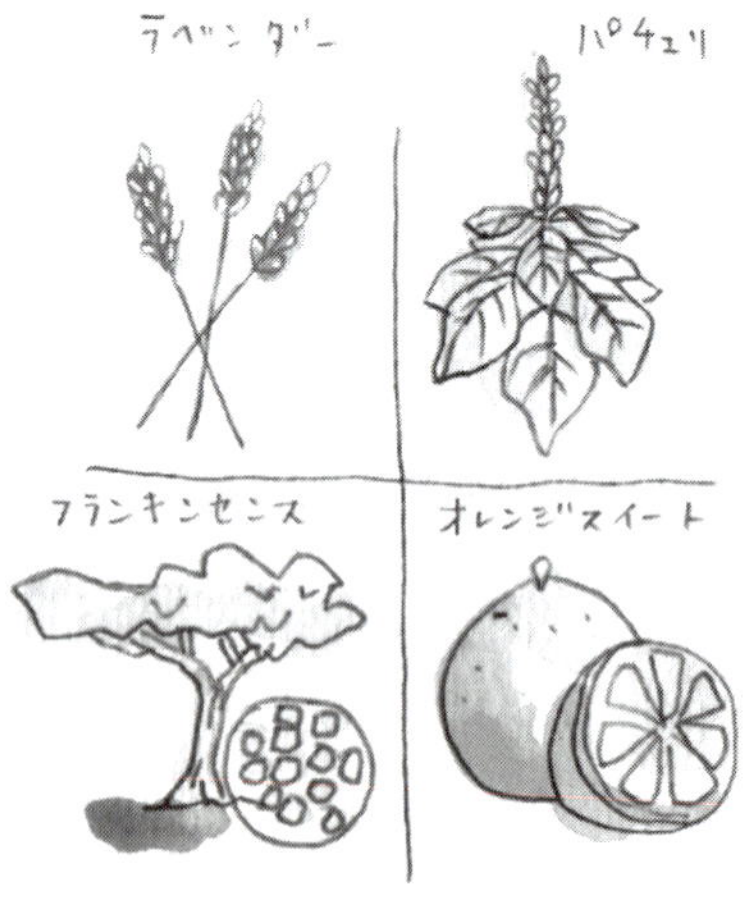

※これらはアロマショップで手に入れることができます。
また、ネットショップもたくさんあります。
ビーカーなどは百円ショップでも売っていることがあります。

作り方

・ビーカーに30㎖のキャリアオイルを入れます
・次の精油を入れて混ぜます
①パチュリ1滴、ラベンダー3滴、
　オレンジスイート2滴
②ラベンダー4滴、フランキンセンス2滴
・茶色の遮光瓶に入れて、冷暗所で保存
（早めに使い切ってください）

※ここでは、マッサージオイルを1％の濃度にしています。1％でも香りが強いと思う時は、キャリアオイルの量を増やしてください。
※精油の瓶は、1滴が0・05㎖ずつ出てくるようになっています。そのため、キャリアオイル30㎖に対して精油6滴を加えると、1％の濃度のマッサージオイルが作れます。

セーフティーボックス

安心したい時の心の避難所

セーフティーボックスとは、マイ・サンクチュアリ（避難所のようなもの）ともいえるかもしれません。

自分にとっての大切な物、安心できる物を詰め込んで鍵をかけて、大事に保管できる箱のことです。

手紙、写真、好きなぬいぐるみ、好きな肌触りのタオルなど、入れるものは何でもアリです。

この箱の中に入れるのは、私を全肯定してくれるものだけ。「このボックスを開ければ、ほっとできることが分かっている、そういう場所を作る」感じです。

私はこの中に、言ってもらってうれしかった言葉を書き留めた紙と、マッサージオイルを入れました。

つらくなった時、箱を開ければちょっと落ち着くことができる。こういう安心できる物をひとまとめにしたボックスを作っておくのは、キャパオーバーやパニックになりやすいＨＳＰにとっては、とても有効だと思います。

体を動かす

マイナス思考から抜け出したい時に

人から言われたささいな言葉や、ちょっとした失敗を引きずってしまって、マイナスの考えから抜け出せず、どんどん恐ろしい妄想が膨らんでしまう。HSPによくあることだと思います。

うつ病の時は、ずっとそんな感じでした。抜け出せなくて、つらくてしかたないけれど、どうすることもできない。この状態が続くことが恐怖でしかない。

考えなければいいと思われるかもしれませんが、それがうつ病の症状なのです。いつも最悪を想定してしまうHSPの気質も、影響していたように思います。

そんな時に効果があったのは、体を動かすことです。

体を動かすといっても、走ったり、筋トレしたり、そんな激しいことではありません。

散歩をしたり、その場で足踏みしたり、座っている場所を変えてみるだけでも効果はありました。

うずくまってしまって恐ろしい考えから抜け出せない、そうならないように、とにかく体を動かしてみました。

そうすると、すぐに恐ろしい思考から抜け出せなくても、体を動かすことで、思考も変わります。思考が変わってくれれば、少しは楽になれますよね。

自分の行動で、ちょっと楽になれたという、その成功体験が何よりも大切です。

抜け出せなくなったと気づけたら、ちょっとしたことをしましょう。

何をするかは、調子が悪くて頭が回らない時に考えるのではなく、調子のいい時に、「こうなったら、これをしよう」といくつか決めておくのがお勧めです。

ハンドマッサージ

不安になった時にいつでもできる

ハンドマッサージの効果は、血流がよくなり体があったまり、リラックスしやすくなることが大きいです。いつでもどこでもできるので、不安になった時などにもお勧めです。人にやってもらうと、なお効果的です。

マッサージオイルがあればベストですが、ハンドクリームでも滑りやすくていいですし、何もつけなくてもできます。

おふろの中や、おふろ上がりで温まっている時にやると、よりリラックスできると思います。

① 手のひら、手の甲を反対の手の全体を使ってさする。
ゆっくりするのがポイント

②手の甲の親指と人差し指の間のVになっているところを、反対の手の親指で押す。「痛気持ちいい」くらいの強さで
③指を親指から1本ずつ、付け根、関節、爪の順番で、反対の親指と人差し指で軽くつまむ
④手のひらを反対の手の親指で満遍なく押す
⑤①～④を繰り返す

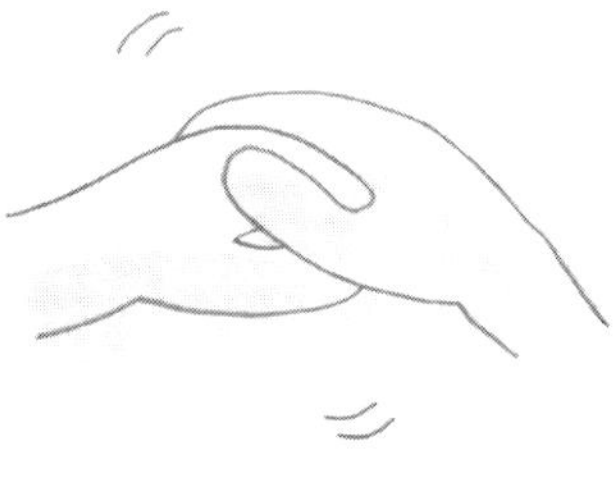

体を温める

緊張して体がこわばっている時に

温かいと感じられることは、それだけで体の力が抜けてリラックスしやすくなるので、いつも緊張して体がこわばりがちなＨＳＰには、ぜひ日常に取り入れてほしいなと思います。ハンドマッサージの他にも、体を温める方法はたくさんあります。

1人でできること

・足湯（浴室でもバケツのような物でもできます）
・温かいものを飲む
・冷え取り靴下を履く
・乾燥しょうがを取る

乾燥しょうがの作り方

皮付きのままスライサーで薄切りにしたしょうがを、重ならないように天板に並べ、120℃のオーブンで約40分焼きます（天日干しなら2、3日干します）。

料理やスープに入れて、日常的に取ることが冷え対策では効果的です。

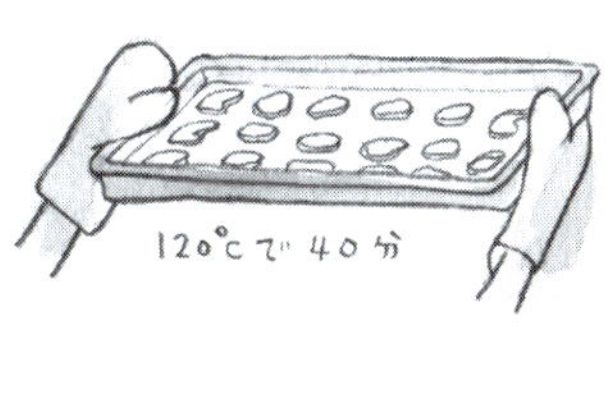

●人にやってもらえると効果的な方法

・手当て（両方の肩甲骨の辺りに手を当ててもらいます。相手の手が温かくなくても、じんわりと全身が温かくなります）

バッチフラワーレメディ

心のバランスを取りたい時に

バッチフラワーレメディとは、1930年代にイギリスの医師、エドワード・バッチ博士が開発した、乱れた心や否定的な感情に働きかけ、感情や精神のバランスを取り戻す自然療法です。

「ネガティブな状態」の中から、今の自分の心や感情の状態に当てはまる花のエッセンスを選び、必要量を飲むことで、内面に調和がもたらされることが期待できます。

これは、不定愁訴（原因が特定できない体調不良）が続いていた頃に、心療内科の先生に教えてもらって試してみた方法です。

医学的に効果が証明されているものではありません。しかし、HSPの不定愁訴には効果があるかもしれないと感じました。

まず、選び方が斬新です。

花カードといわれる花の写真のカードの中から、気になるものを選びます。

それぞれに、ポジティブワードとネガティブワードがあり、今の自分に足りないもの、なりたい自分は何かと選んでいきます。

そうして選んだ花のエッセンスを、水やお茶に2滴入れ、ゆっくり飲むだけです（1日4回がお勧め）。

これだけなのですが、訳もなく気持ちが落ち込むことが減った気がします。

※医学的な治療法ではありませんので、基礎疾患のある人は、治療を優先してください。
※詳しくは一般社団法人バッチホリスティック研究会のホームページをごらんください。
https://www.bachflower.gr.jp/bachflowerremedies

あなたはあなたのままで
生きているだけで
素晴らしいんだよ

この生きづらい世界の中で
今日まで
生き抜いてきたんだから

これからは
自分に優しくする方法を探しながら
生きていってほしいな

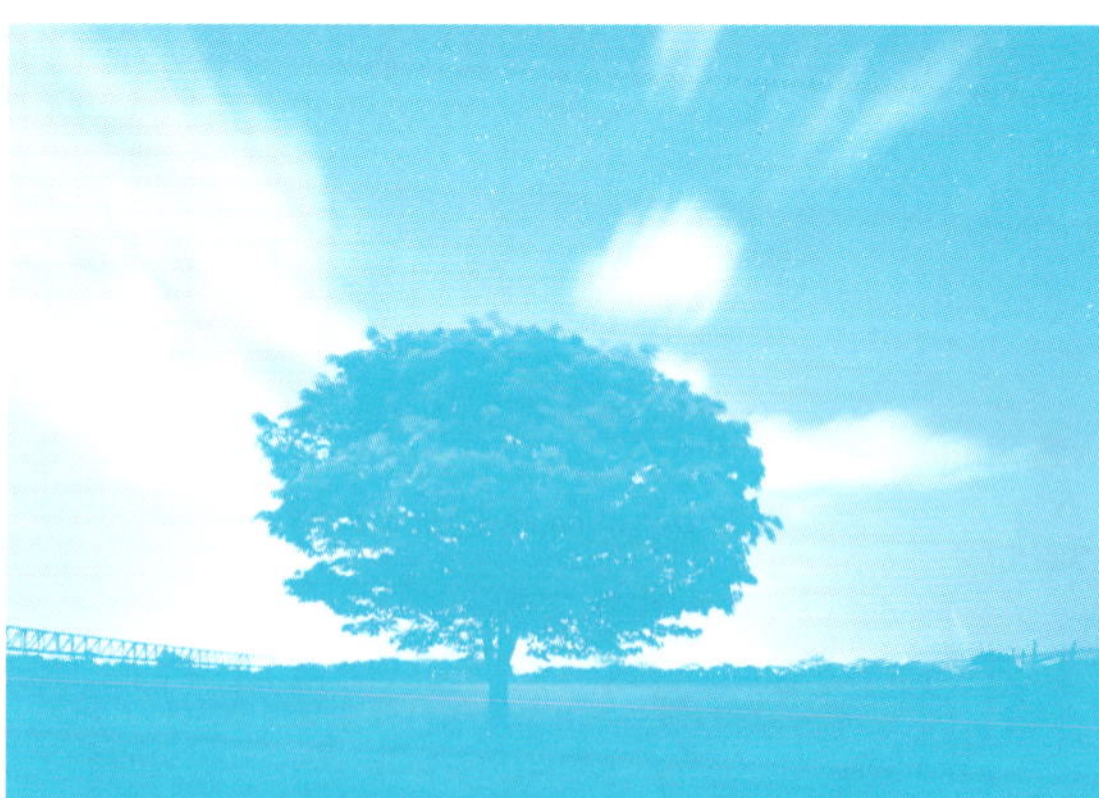

私自身の備忘録として書き始めたブログを、本にまとめられる
日が来るとは、本当に奇跡だと思っています。
この本を書くにあたり、たくさんの方にご協力いただきました。
心から感謝申し上げます。

《参考文献》

エレイン ·N· アーロン (著)、冨田香里 (訳)『ささいなことにもすぐに「動揺」してしまうあなたへ。』講談社、2008 年
明橋大二『子育てハッピーアドバイス』 1 万年堂出版、2005 年
明橋大二『子育てハッピーアドバイス　大好き！が伝わる ほめ方・叱り方 2』 1 万年堂出版、2011 年
明橋大二『HSC の子育てハッピーアドバイス』 1 万年堂出版、2018 年
長沼睦雄『敏感過ぎる自分に困っています』宝島社、2017 年
長沼睦雄『「自己肯定感」をもてない自分に困っています』宝島社、2018 年
高垣忠一郎『生きづらい時代と自己肯定感 「自分が自分であって大丈夫」って？』新日本出版社、2015 年
中島輝『何があっても「大丈夫。」と思えるようになる 自己肯定感の教科書』SB クリエイティブ、2019 年
伊藤守『いまここから始めよう』ディスカヴァー・トゥエンティワン、1998 年
藤川徳美『うつ消しごはん―タンパク質と鉄をたっぷり摂れば心と体はみるみる軽くなる！』方丈社、2018 年
功刀浩『こころに効く　精神栄養学』女子栄養大学出版部、2016 年
ロベルタ・テムズ (著)、浅田仁子 (訳)『タッピング入門　シンプルになった〈TFT & EFT〉』春秋社、2009 年
綿本彰『Yoga ではじめる瞑想入門』新星出版社、2006 年
加藤雅俊『ホントのツボがちゃんと押せる本　一目でわかる！必ず見つかる！』高橋書店、2008 年
ルイーズ ·L· ヘイ (著)、L・H・T プロジェクト (訳)『改訂新訳ライフヒーリング You Can Heal Your Life』たま出版、2012 年
松本俊彦『自分を傷つけずにはいられない　自傷から回復するためのヒント』講談社、2015 年
白川美也子『赤ずきんとオオカミのトラウマ・ケア』アスク・ヒューマン・ケア、2016 年
水島広子『対人関係療法でなおすトラウマ ·PTSD』創元社、2011 年
ベッセル・ヴァン・デア・コーク (著)、柴田裕之 (訳)『身体はトラウマを記録する』紀伊國屋書店、2016 年
ピーター ·A· ラヴィーン (著)、池島良子、西村もゆ子、福井義一、牧野有可里 (訳)『身体に閉じ込められたトラウマ』星和書店、2016 年

写真：髙木祥有

高木のぞみ（たかぎのぞみ）
昭和63年、富山県生まれ。
看護師、保健師、公益社団法人日本アロマ環境協会認定アロマセラピスト、認定子育てハッピーアドバイザー、健康食コーディネーターの資格を持つ。
現在は幼児を育てながら、自己肯定感を育てる方法やHSPについて、ブログとSNSを通して発信している。
ブログ：HSPママの子育て日記
https://ameblo.jp/thistime-is-all-you-have/

高木英昌（たかぎひでまさ）
昭和56年、群馬県生まれ。精神科医。
富山大学医学部卒業。浜松医科大学附属病院精神科神経科を経て、現在は菊川市立総合病院精神科（静岡県）に勤務。

イラスト
前田美代子（まえだみよこ）
広島県生まれ。武蔵野美術大学大学院油絵科修了。

生きづらいＨＳＰのための、
自己肯定感を育てるレッスン

令和元年(2019) 9月4日　第1刷発行

著　者　高木のぞみ・高木英昌
発行所　株式会社　1万年堂出版
〒101-0052　東京都千代田区神田小川町2-4-20-5F
電話　03-3518-2126
FAX　03-3518-2127
https://www.10000nen.com/
デザイン　早野 龍輝
印刷所　凸版印刷株式会社

 ISBN978-4-86626-050-1 C0011

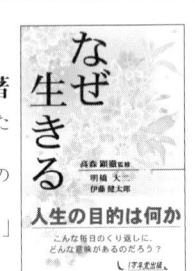

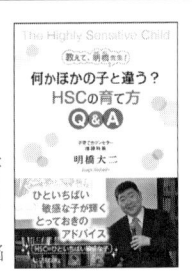

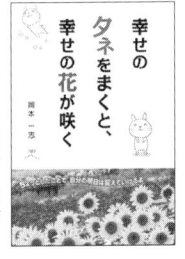